1.5도의 미래

1.5도의 미래

2판 1쇄 발행 2023년 3월 1일

글 | 윤신영
편집디자인 | 윤희정
종이 | 신승지류유통(주)
인쇄 제본 | 상지사 P&B
펴낸곳 | 도서출판 나무야
펴낸이 | 송주호
등록 | 제307-2012-29호(2012년 3월 21일)
주소 | (03424) 서울시 은평구 서오릉로 27길 3, 4층
전화 | 02-2038-0021
팩스 | 02-6969-5425
전자우편 | namuyaa_sjh@naver.com

ⓒ 윤신영, 2018, Printed in Korea
ISBN 979-11-88717-29-3 43450

1.5도의 미래

윤신영 지음

Namuyaa Publisher

기후변화, 우리가 알지 못하는 많은 이야기들

기후변화는 모두에게 착시를 불러일으키는 주제입니다. 모두가 잘 안다고 생각합니다. 텔레비전과 책, 신문기사를 통해 너무나 자주, 많이 접했기 때문입니다. 또 모두가 굉장히 오래 알아왔다고 생각합니다. 수많은 이야기를 지속적으로 접했기 때문이지요. 재미는 없지만 중요한 주제라고 이야기하는 사람도 많습니다. 교과서에서도 지속적으로 다룰 정도로 정설이 되었고, 이제는 기후변화를 부정하는 사람을 반과학적인 사람이라고 자신 있게 말할 정도로 상식이 되었습니다.

그런데 정작 우리는 기후변화에 대해 잘 알고 있을까요. 그렇지는 않을 것입니다. '지구의 온도가 점점 높아지고 있다' 정도가 모두가 알고 있는 기후변화의 대부분일 것입니다. 물론 이 사실은 틀림이 없고, 이것을 인정하는 것만으로도 우리가 기후변화에 대해 알아야 할 주제의 절반을 알았다고 감히 이야기할 수도 있습니다. 기후변화는 그만큼 직관적으로 체감하기 힘들고, 이해하기는 더욱 어려운 게 현실이니까요.

하지만 그것으로는 충분하지 않습니다. 기후변화에는 우리가 알지 못하는 많은 이야기 주제들이 있습니다. 기후라는 체계가 지구에서 가장 복잡한 체계 중 하나이기 때문에, 단편적인 기사들만 봐서는 이 분야에서 이루어지는 이야기의 반의반도 제대로 알지 못하는 것이 사실이거든요. 이런 복잡한 단면 가운데 일부라도 알아야 현상을 올바르게 파악하고, 그에 대해 판단을 내리는 데 도움을 받을 수 있습니다.

예를 들어 지구의 평균 온도가 계속 오르고 있다는 말은 무슨 의미를 지닐까요. 매일매일의 온도가 과거 어느 시점보다 갑자기 몇 도씩 상승하는 것일까요. 기후변화가 일어나 지구가 더워졌다는데, 2018년 한국의 겨울은 왜 그토록 매섭게 추웠던 것일까요. 2017년 여름 방글라데시와 인도, 파키스탄에 기록적인 대홍수가 일어나고, 미국에서는 텍사스 등 여러 지역에 거대한 허리케인이 휩쓸고 지나가며 어

마어마한 인명 및 재산 피해를 냈습니다. 이런 자연재해는 반드시 기후변화가 불러일으킨 재해라는 진부한 표현이 따라붙곤 합니다. 그렇다면 기후변화와 재해는 어떤 관련이 있는 걸까요. 원자력과 재생에너지, 신에너지는 서로 왜 그렇게 앙숙처럼 다투고만 있을까요. 기후변화라는 공동의 적 앞에서 서로 힘을 합칠 방법은 정말 없는 걸까요? 우리 독자들은 이런 상황에서 그저 무기력하게 앉아만 있으면 되는 것일까요…….

기후에 대해 종합적인 시각을 가질 수 있도록 기후와 기후변화를 둘러싼 과학, 공학 전반의 이야기를 담아 보려고 합니다. 기후가 무엇인지, 기후변화는 일상에서 어떤 변화를 일으키는지, 자연적인 기후변화와 인간에 의한 최근의 기후변화에는 어떤 차이가 있는지, 기술적으로 해결할 방법은 있는지 궁금합니다. 이 책을 읽는 독자들도 그 궁금함을 공유할 것이라고 생각하며 차근차근 이야기를 시작해 봅니다.

차례

1 기후와 기후변화

아메리칸마스토돈 메리의 이야기를 들려드리려 해요.
이 세상에서는 이미 1만 년 전에 사라진 종이지요.
화석 이야기를 왜 하냐고요?
기구한 사연과 낯선 풍경을 소개하기 위해서예요.
여러분이 겪지 못한 신기한 세상의 풍경이요.

마스토돈이 있는 풍경

　1만 7000년 전 어느 날을 상상해 봅니다. 미국 뉴욕시 한복판을, 꼭 털 달린 코끼리 비슷하게 생긴 아메리칸마스토돈 한 마리가 가로지르고 있었어요. 길을 잃은 게 틀림없었어요. 무언가를 찾아 끊임없이 주위를 두리번거렸거든요. 마스토돈의 코에서는 하얀 콧김이 났어요. 마스토돈의 눈에 비친 뉴욕의 풍경은 지금과 사뭇 달랐어요. 단단하게 얼어붙은 땅이 거북 등처럼 갈라진 채 끝도 없이 펼쳐져 있었죠. 갈라진 틈에는 흰 눈이나 얼음이 쌓여 있었어요. 여름이 돼 얼음과 토양이 살짝 녹으면 순간 푸른빛이 도는 듯도 했지만, 잠시였어요. 거의 대부분의 시간 동안 땅은 깊숙한 곳까지 단단히 얼어붙어 있었고, 생물이라고는 키 낮은 벼과 식물 몇 종과 지의류 정도만 힘에 부친 듯 겨우 버티고 있었어요.

매서운 바람과 함께 눈보라가 불었어요. 마스토돈은 눈쯤은 아무렇지도 않다는 듯 길고 뻣뻣한 털로 감싸인 몸을 움직였죠. 움직일 때마다 차양처럼 드리운 다리털이 출렁였어요. 지금 이 마스토돈은 고민에 싸여 있어요. 빙하시대의 혹독한 추위는 전혀 겁나지 않지만 배고픔은 두려웠죠. 주변에서 볼 수 있는 식물이 변했어요. 기존에 먹던 식물은 보이지 않았죠. 너무 빙하 쪽으로 올라온 건 아닐까 걱정이 되기 시작했어요. 완전히 기진해 쓰러지기 전에 다시 원래 살던 곳으로 걸어가야겠다는 생각이 들기 시작했죠.

마스토돈은 잠시 걸음을 멈추고 북쪽을 봤어요. 북쪽의 풍경은 언제 봐도 이질적이었어요. 거대한 얼음이 지표면을 덮고 있었죠. 비록 건조한 대기 때문에 하늘엔 먼지가 가득했고 시야는 뿌예졌지만, 그래도 오후의 태양이 지표를 덮은 하얀 얼음에 반사돼 눈이 부셨어요.

얼음은 언제나 마스토돈의 상상을 초월했어요. 단단하게 다져진 거대한 얼음 덩어리가 지표를 가득 덮은 채 땅을 내리누르고 있었죠. 얼음은 가장 *끄트머리*에서도 두께가 수

십에서 수백 미터에 달할 정도로 두꺼웠으며, 끝이 보이지 않을 정도로 넓었어요.

마스토돈은 몰랐어요. 이 얼음이 북쪽으로는 그린란드 바로 직전까지, 서쪽으로는 록키산맥 서부까지 한 몸으로 이어져 있다는 걸. 면적이 남한의 130배가 넘는 1300만km² 에 달한다는 걸. 가장 발달한 곳에서는 두께가 3.3km나 되고, 알래스카와 캘리포니아 쪽에 있는 또 다른 빙상까지 더 하면 사실상 북미대륙의 북쪽 대부분이 얼음에 뒤덮여 있다는 걸 말이에요. 호기심 많은 마스토돈은 흰 김이 나는 콧바람을 한 번 뿜고는 천천히 남쪽을 향해 발걸음을 뗐어요. 거기에는 먹기 좋은 식물이 많은 천국이 있을 거예요. 가문비나무와 온갖 풀이 가득한 숲이.

얼음이 뒤덮은 마지막 빙하기

가끔은 익숙한 시간 스케일을 버리고 낯선 시간 속으로 뛰어들어야 할 때가 있어요. 그래야 많은 것들이 달리 보이지요. 앞에서 그 예를 들어본 것처럼 시간을 약 1만 7000년 전으로 돌려보세요. 1만 7000년이 어느 정도인지 잘 감이 오지 않는다고요? 여러분이 살아온 시간은 대부분 열대여

섯 살 안팎일 거예요. 조금 더 나이가 많은 친구도 있고 그렇지 않은 친구도 있겠지요. 길지도, 짧지도 않은 그 기간의 대략 1100배 넘는 기간이 1만 7000년이에요. 그래도 감이 잘 안 오지요?

사람이 태어나 다음 자손을 볼 때까지의 기간을 세대라고 하지요. 한 세대는 보통 30년 정도로 봅니다. 물론 이건 현대의 경우이고, 아마 먼 과거의 선사시대에는 좀 더 짧았을 거예요. 아무튼 30년을 기준으로 해서 30년 전을 여러분의 부모님 세대, 다시 30년을 거슬러 60년 전을 여러분의 할머니 할아버지 세대라고 한다면, 1만 7000년 전은 560대 할머니 할아버지가 사시던 때예요. 감이 오나요?

이 시기에 인류는 아직 농사라는 것을 짓지 못하고 있었어요. 아메리카 대륙은 이제 막 아시아에서 인류가 처음 들어와 곳곳에 퍼져나가던 때였죠. 지질학자들은 당시를 어려운 말로 '최후빙하전성기'라고 불러요. 인류가 겪은 마지막 빙하기, 그중에서도 가장 추위가 심했던 시기라는 뜻이에요. 2만 5000년 전부터 1만 5000년 전까지에 해당하지요.

이 시기에 세계의 풍경은 지금과 크게 달랐어요. 뉴욕은 가장 극적으로 다른 곳 중 하나였어요. 지구에서 가장 커다란 빙상의 가장자리에 있었기 때문이죠. 이 시기는 현재와

같이 상대적으로 따뜻한 시기(빙하가 녹는 간빙기)가 되기 직전의 마지막 빙하기였어요. 추위가 상당히 혹독했던 때로 대륙마다 큰 빙하가 발달했는데, 북아메리카의 경우 거대한 얼음 덩어리 두 개가 거의 대륙 전체를 덮었죠. 그 남동쪽 한계가 바로 뉴욕이었어요.

북아메리카의 빙상은 당시 남극에 있던 빙상보다 컸어

요. 현재 빙하의 86%는 남극 대륙에 몰려 있지요. 2만 1000년 전에도 남극은 빙하로 덮여 있었고 크기는 지금보다 10% 이상 더 컸어요. 그럼에도 지구에 있는 빙상에서 차지하는 비율은 겨우 32%에 불과했죠. 훨씬 더 많은 얼음이 극지를 제외한 다른 곳에 있었다는 뜻이에요. 그중 하나가 북미 대륙이었어요. 북미의 빙하는 당시 남극보다 많아 지구

전체 얼음의 35%를 차지했어요.

빙상만 지구의 풍경을 바꾼 것은 아니었어요. 지상의 물이 얼음에 갇히며 바다의 면적은 줄어들었어요. 해수면은 지금에 비해 120m나 낮아졌죠. 영국과 유럽, 인도네시아와 베트남 등이 육지로 연결됐고, 한반도는 중국, 일본과 연결됐어요. 러시아 동부와 알래스카 사이에도 긴 육교가 생겼죠. 유라시아와 아메리카 대륙은 한 덩어리가 됐고요. '베링기아'라고 불린 이 육교를 통해 털매머드 등 많은 동물이 대륙을 넘나들었어요. 인류도 북아메리카에 첫발을 내딛을 수 있었지요.

마지막 빙하시대는 혹독했어요. 지구 전체의 기온이 지금보다 6도 낮았어요. 6도라고 하니 별것 아닌 것처럼 느껴질 수 있어요. 오늘날에도 겨울과 여름의 온도 차이는 6도보다는 훨씬 많이 나니까요. 하지만 지구의 평균 기온이 차이가 난다는 것과는 다른 이야기예요. 지역에 따라 온도 변화 폭이 무척 다르거든요. 저위도는 2~5도 낮아지는 데 그쳤지만, 고위도는 12도까지 온도가 떨어졌어요. 비가 오지 않아 몹시 건조했고, 대기는 풀풀 날리는 먼지로 가득 찼죠. 먼지가 떨어져 쌓인 곳에는 고운 황토(뢰스) 퇴적층이 발달했어요.

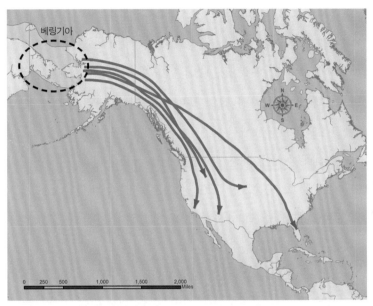

베링기아를 통한 털매머드의 이동 경로. 빙하시대, 1600km 가량의 폭으로 아시아와 북아메리카 사이를 이었던 육교를 말한다. 베링 해협과 베링 해 등의 얕은 바다가 해수면이 낮아지면서 두 대륙이 땅으로 연결되었다. ⓒhttp://www.beyondmaps.org

춥고 덥고 '기후의 롤러코스터'

최후빙하전성기는 약 1만 년 동안 지속됐다가 서서히 물러났어요. 전 세계의 평균 기온이 올라갔고, 뉴욕을 뒤덮었던 얼음도 서서히 후퇴했죠. 여기저기에서 어마어마한 두께의 빙하가 수천 년 동안 천천히 밀고 들어오며 새긴 상처가 드러났어요. 산이 깎여 만들어진 U자 모양의 거친 계곡,

노르웨이 등에서 볼 수 있는 아름다운 피오르드 지형이 이
때 만들어졌어요.

이제 따뜻한 간빙기가 됐어요. 온도가 오르며 대륙의 빙
하가 녹았어요. 가장 컸던 북미 대륙의 빙하도 녹았죠. 이
물은 캐나다 서부에서 호수를 이루었다가, 서서히 넘쳐흘
러서 대륙을 관통하는 강이 됐어요. 허드슨 강과 미시시피
강이에요. 이 물은 1만 2800년 전 한순간에 대서양으로 흘
러들어 바닷물을 희석시켰어요. 희석된 바닷물은 당시 지
구를 따뜻하게 만들어 주던 해수의 흐름에 문제를 일으켰
고, 지구는 다시 빙하기로 빠져들었어요. '영거드라이아스
기'라고 불리는 일종의 소빙하기는 약 1000년 동안 지속됐
다가 급격히 회복됐어요.

문명을 이룩한 뒤의 인류는 바로 이 영거드라이아스기
이후의 삶에 익숙해요. 바로 지금이죠. 따뜻한 시기이고, 빙
하기와는 거리가 멀다고 생각하기 쉬워요. 하지만 그렇지
않아요. 넓은 의미에서 우리는 지금도 빙하시대에 살고 있
기 때문이에요. 따뜻했던 신생대 초기인 에오세와 올리고
세(약 5600만~2300만 년 전) 이후 기온은 계속 내리막이기 때문
이에요. 신생대 초기에는 남북극까지 온대기후였어요. 빙
하는 없었고 해수면은 높았어요.

피오르드는 빙하의 침식으로 만들어진 골짜기에 빙하가 없어진 후 바닷물이 들어와서 형성된 지형으로 대부분 매우 깊다. 노르웨이의 송네 협만은 깊이가 1234m에 이른다.

하지만 달도 차면 기울듯 변화가 일어났어요. 대륙이 지금의 형태를 갖춰가면서 해류에 변화가 생겼어요. 남극 대륙과 결합해 있던 일부 대륙이 떨어져 나와 북쪽으로 가자, 남극이 고립됐고, 남극 주위를 도는 순환해류가 생겼죠. 남극이 바닷물의 흐름에서 고립됐다는 뜻이에요. 해류는 남극 대륙의 열을 저위도로 퍼 날랐어요. 대신 난류가 심층수의 형태로 다가와 수분을 공급하자 대륙에 눈이 쌓이기 시작했죠. 마침 파나마 지역이 융기하며 아메리카 대륙은 남북을 잇는 거대한 띠 모양이 됐어요. 태평양과 대서양은 이제 완전히 분리됐고, 해류의 움직임은 또 달라졌어요. 이제 지구의 온도는 내리막길에 들어섰어요.

그 정점이 약 250만 년 전부터 이어진 플라이스토세예요. 이 시기를 우리는 흔히 빙하시대라고 불러요. 하지만 내내 빙하가 대륙을 덮었던 것도 아니고 마냥 춥기만 했던 것은 아니에요. 따뜻했던 간빙기가 짧게는 수천 년에서 길게는 수만 년 동안 빙하기 사이에 끼어들었어요. 빙하기와 간빙기가 교차한 시기는 매우 규칙적이에요. 동유럽의 공학자 밀란코비치와 영국의 지구물리학자 닉 섀클턴 등은 오랫동안 기후 자료를 연구해 규칙을 찾아냈는데, 약 4만 1000년과 10만 년 주기가 서로 다른 시기에 플라이스토세

남아메리카 대륙과 빙하로 뒤덮인 남극 대륙

내내 반복되고 있었죠. 즉 250만~100만 년 전에는 약 4만
1000년마다 빙하기와 간빙기가 반복됐고 그 이후로는 10
만 년마다 반복되고 있어요. 원인은 지구 공전궤도 타원 모
양의 변화(이심률의 변화), 자전축의 기울기, 그리고 자전축 및
공전궤도의 세차운동이 꼽혀요. 빙하시대 전문가인 미국
캘리포니아대 브라이언 페이건 교수는 이 시대를 '기후의

롤러코스터'로 묘사하고 있어요. 온도가 급격히 오르락내리락하기 때문이죠. 그때마다 거대한 빙상이 생겼다 녹았다 했어요.

이처럼 최근 수백만 년 동안의 기후는 지구 외적인 원인에 의해 큰 요동을 치고 있어요. 이 외적인 요동은 지금도 계속되고 있어요. 언제고 다시 추운 빙하기가 찾아올 수 있다는 얘기죠. 그나마 다행인 것은 빙하기에 온도가 떨어지는 과정은 긴 시간을 두고 천천히 일어나지만, 회복은 짧은 시간에 이뤄진다는 점이에요. 빙하는 8만 년 동안 만들어진 뒤 4000년 만에 사라지곤 했어요. 그렇지만 혹시 더 급진적인 변화도 가능할지 몰라요. 1000년 동안 급속한 빙하기를 겪었던 영거드라이아스기의 사례는 이런 걱정이 기우가 아닐 가능성을 말해 주죠. 이쯤에서 과학자들은 지구 내적인 원인, 곧 인간의 영향을 생각하기 시작했어요. 혹시 최근의 온실기체 증가는 영향이 없을까요.

기후란 무엇일까?

사람들은 '기후'가 날씨와 어떻게 다른지 자주 혼동해요. 이럴 때는 앞에서 소개한 거대 빙하를 떠올리면 조금 덜 혼

란스러워요. 기후는 어떤 지역에서 충분히 긴 시간 동안 관측할 수 있는 대기의 평균 상태를 말해요. 위에서 지구 평균 기온이 6도나 떨어져 있는 때가 수천 년 이상 지속됐고, 이런 경우는 기후라고 부를 수 있지요. 반면 하루 또는 며칠 등 짧은 기간 동안 관측할 수 있는 대기 상태는 날씨라고 해요. 우리가 일기예보 등을 통해 접하는 기상변화는 대부분 날씨에 속해요. 그럼 어느 정도 기간을 중심으로 기후와 날씨를 구분할까요. 둘 사이를 가르는 명확한 기준은 없지만, 최소 월 단위 이상은 돼야 기후라고 부른답니다.

　기후는 지구가 만들어진 이래 늘 변해왔어요. 1만 5000년 전에 극심한 추위를 겪었던 지구는, 겨우(?) 9000년이 지난 뒤(지금으로부터 6000년 전)에는 지금보다도 오히려 2~3도 따뜻한 온화한 기후로 변했어요. 기후가 변하는 데에는 여러 가지 이유가 있는데, 주로 자연적인 이유였죠. 화산활동으로 재 형태의 분출물이 하늘로 뿜어져 나오면 햇빛을 막아 몇 개월에서 몇 년 동안 지구 전체의 평균 기온을 떨어뜨릴 수 있어요. 양산을 쓰거나 차양이 있는 건물 아래에 서면 햇빛이 가려지면서 시원해지잖아요? 그것과 비슷한 일이 지구 전체에서 일어나는 거예요.

　또 해류의 흐름이 바뀔 때도 일어나요. 해류는 그냥 바닷물의 흐름이 아니에요. 어마어마한 열을 품은 거대한 에너지 덩어리의 흐름이지요. 물은 온도를 높이거나 내리는 데 시간이 많이 걸리는 천연 에너지 저장소거든요. 해류가 생기는 원인은 여러 가지가 있어요.

우선 가장 대표적인 표층해류를 이야기해 볼게요. 표층해류는 말 그대로 바다의 표면에서 일어나는 해류예요. 표층해류를 일으키는 가장 큰 원인은 위에서 부는 바람이죠. 북반구의 경우, 적도지방 근처는 북동 방향에서 불어오는 무역풍이 있어요. 그 위 중위도 지역은 남서쪽에서 불어오는 편서풍이 있지요. 고위도 지역은 극동풍이 불죠. 이들 바람은 분명 바다 위를 불고 있지만, 바다 표면의 물까지 함께 끌어서 물의 흐름을 만들어내요. 세면대에 물을 받아놓고 후 하고 힘껏 불어보세요. 파도와 함께 표층의 물이 움직이는 것을 볼 수 있을 거예요. 해류가 바로 이렇게 생기는 것이지요. 무역풍과 편서풍, 극동풍은 지구의 자전에 의해 생기는 바람으로 거의 일정한 방향과 규칙적인 특성을 띠고 있어요. 따라서 해류도 상당히 규칙적으로 만들어지고 움직인답니다.

해류를 만드는 원인에는 다른 것도 있어요. 이번에는 깊은 바닷물 속의 움직임으로, 심층해류라고 하지요. 대류라

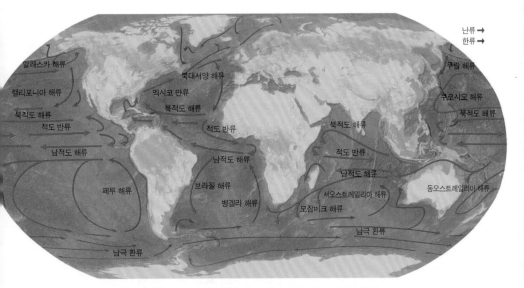

난류 →
한류 →

알래스카 해류
캘리포니아 해류
북적도 해류
적도 반류
남적도 해류
페루 해류
남극 환류

북대서양 해류
멕시코 만류
북적도 해류
적도 반류
남적도 해류
브라질 해류
벵겔라 해류

쿠릴 해류
쿠로시오 해류
북적도 해류
적도 반류
남적도 해류
서오스트레일리아 해류
모잠비크 해류
동오스트레일리아 해류
남극 환류

해류는 공기의 온도와 습도를 변화시키고, 공기의 흐름에도 영향을 미친다.
이러한 대기와 해수의 상호 작용은 지구의 기후변화에 영향을 주고,
각 지역의 해양 환경과 인간의 생활에도 큰 영향을 준다.

는 말을 들어봤지요? 뜨거운 물과 차가운 물, 또는 뜨거운 공기와 차가운 공기를 섞으면, 뜨거운 물은 위로 올라가려 하고 차가운 물은 아래로 가라앉으려는 성질이 있어요. 물은 온도가 높아질수록 부피가 늘어나서, 결과적으로 부피당 질량 즉 밀도가 줄어들기 때문이에요. 해양 어딘가에서 이런 일이 일어나면, 그게 바로 해류가 되지요. 이 해류는 위아래 방향으로 움직이는 해류겠네요.

대류에 의한 해류는 또 다른 해류를 유발해요. 물이 가라

앉거나 떠오른 곳은 물이 부족해지겠죠? 그렇다면 주변에서 물이 다시 그 지역으로 몰려들어와 보충하게 됩니다. 즉 주변에 물이 부족한 지역으로 물이 흘러드는 일이 바다 안에서도 벌어지는데, 이 역시 거대한 해류로 나타나게 돼요.

이런 해류들은 지금 이 순간에도 지구 곳곳의 바다를 누비고 있어요. 해류는 에너지를 한 곳에서 다른 곳으로 나르는 역할을 하는데, 해류의 흐름이 바뀌면 어떤 일이 일어날까요? 한 지역의 열이 다른 지역으로 전달되는 패턴이 바뀌면서 주변의 기후가 통째로 변하기도 해요.

그밖에도 천문학의 관점과 관련해서 기후변화가 일어날 수 있어요. 지금부터 약 100년 전, 유고슬라비아라는 옛 국가(발칸반도에 존재했던 국가로 지금의 크로아티아, 세르비아, 몬테네그로 등을 포함했다)의 수학자이자 엔지니어였던 밀루틴 밀란코비치는 최근 수백만 년 사이의 지구 기후 기록을 살펴보다 이상한 점을 발견했어요. 기온이 반복적으로 오르락내리락하고 있었던 거죠.

놀랍게도 기온이 오르내리는 주기가 비교적 규칙적이었어요. 남극에 쌓인 빙하를 위에서 아래로 뚫은 시료, 즉 빙하 코어를 채취해서 연구하면 당시의 이산화탄소 농도와 먼지 농도의 변화, 온도 등을 알 수 있어요. 이를 바탕으로

밀루틴 밀란코비치의 얼굴이 보이는 책의 표지 ⓒhttp://www.kupindo.com

추정해 보니, 지구는 약 270만 년 전부터 온도가 크게 떨어졌다가 다시 회복하기를 규칙적으로 반복하고 있다는 사실을 알게 된 거죠.

약 250만 년 전부터는 기온이 오르고 내리는 주기가 약 4만 1000년마다 반복됐어요. 그러다 약 100만 년 전부터는 주기가 조금 늘어나 약 10만 년 사이에 오르내린다는 사실을 발견했답니다. 주기가 늘어난 대신 진폭은 더 커져서, 온도가 높을 때와 낮을 때의 평균 기온차는 심할 때는 8~9도가 훌쩍 넘기도 했어요.

밀란코비치는 그 이유를 여러 가지 가설을 통해 설명했어요. 그 가운데 하나는 자전축의 변화예요. 지구의 자전축은 지구가 태양을 도는 공전궤도면을 기준으로 약 23.44도 기울어져 있어요. 이 각도 덕분에 지구는 태양복사에너지를 좀 더 수직으로 받는 지역과 그렇지 않고 옆에서 비스듬히 받는 지역이 생겨요. 지구에 온도차가 생기는 이유지요. 자전축이 태양 쪽으로 기울어져 북반구가 태양 쪽을 향해 있다고 해 봐요. 그 지역은 태양이 머리 꼭대기에 위치하고 지상에서는 태양빛을 수직으로 받게 되죠. 이 지역은 좀 더 따뜻해져서 여름이 돼요. 반대로 태양을 비스듬히 받는 남반구는 겨울이 되죠.

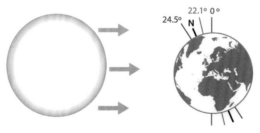

자전축 기울기 : 41,000년 주기

그런데 지구의 자전축 기울기는 시간에 따라 조금씩 변해요. 태양의 공전궤도면에 대해 많이 기울어져 있을 때에는 약 24.5도 기울어져 있고, 덜 기울어져 있을 때에는 22.1도 기울어져 있어요. 이런 변화가 약 4만 1000년 주기로 반복이 돼요. 자전축의 기울기가 변하면 태양빛이 내리쬐는 각도도 변하고, 당연히 여름과 겨울의 기온도 변화하죠. 지금은 지구가 공전궤도면에 대해 자전축이 23.44도 기울어져 있다고 했죠? 이 기울기는 다시 줄어드는 추세예요. 약 1만 년 뒤에는 최소 기울기인 22.1도에 도달할 예정이지요. 그렇다면 태양이 내리쬐는 각도의 차이가 줄어들기 때문에 여름은 더 서늘해지고 겨울은 따뜻해질 거예요. 그 이후에는 다시 각도가 늘어나면서 여름과 겨울의 온도 차이가 커지겠죠. 눈치챘겠지만, 이 기울기의 변화 주기 4만 1000년은 과거 250만~100만 년 전의 기온이 오르락내리락했던 주기와 일치해요. 과거의 기후변화를 일으킨 원인으로 추정할 수 있는 요소죠.

세차운동이라는 변수도 있어요. 지구가 자전을 할 때 자전축이 흔들리는 현상인데, 이 역시 지구의 기온에 영향을 미쳐요. 지구를 북극 지역에서 내려다보면 마치 팽이처럼 시계 반대 방향으로 돌고 있지요. 그런데 실제 팽이와 아주

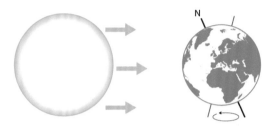

세차운동 : 26,000년 주기

비슷한 일이 지구에서도 일어나고 있어요. 그게 바로 자전축이 흔들리는 일이에요. 팽이를 땅에서 돌리면 처음에는 잘 돌다가 뒤로 갈수록 도는 속도가 느려지며 축 자체가 빙글빙글 돌아가는 일이 생겨요. 그게 세차현상인데요. 자전축이 미묘하게 기울어져 있는 상태에서 지구 중력이 팽이를 아래로 잡아끄는 힘이 더해지면 회전축 자체가 원뿔 모양의 궤적을 그리며 회전하게 돼요. 지구의 경우 태양의 중력이 기울어진 지구 자전축에 작용해 세차운동을 일으킨답니다.

세차운동이 일어나 자전축이 한 바퀴 돌아오는 데 걸리는 시간을 계산해 본 결과 약 2만 6000년이 걸린다는 결과가 나왔어요. 1도를 움직이는 데 약 72년이 걸린다는 뜻이지요. 자전축을 북쪽으로 연장한 북극점이 지금은 북극성

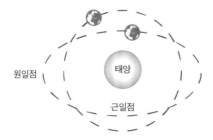

이심률 : 100,000년 주기. 원일점은 지구가 태양으로부터 가장 멀리 떨어지는 때의 궤도 위의 지점이고 근일점은 지구가 태양으로부터 가장 가까워지는 때의 궤도 위의 지점이다.

이지만, 과거나 미래에는 다른 별일 수 있는 것도 바로 이 때문입니다.

밀란코비치는 이 외에도 지구의 공전궤도도 약간씩 변한다는 사실을 밝혔어요. 지구가 태양을 도는 궤도는 한쪽 반지름이 다른 쪽 반지름보다 약간 긴 완만한 타원 궤도를 이루는데, 목성과 토성 같이 거대하고 중력이 강한 다른 행성들 때문에 타원이 되는 정도가 조금씩 변합니다. 이렇게 궤도가 타원인 정도를 '이심률'이라고 하는데요. 이심률이 변하는 주기는 여러 가지가 있어요. 약 41만 년 주기인 요인도 있고 10만 년 요인인 것도 있어요.

이심률이 변해 궤도가 타원궤도가 되면 태양에서 가까워졌을 때와 멀어졌을 때 받는 태양복사에너지 양이 크게 차이나요. 이심률이 가장 클 때, 태양과 지구 사이의 거리가 가장 가까울 경우(1월 3일)와 가장 멀 경우(7월 4일) 지구가 받는 태양복사에너지의 양 차이는 거의 23%나 될 정도로 커져요. 요즘은 궤도가 그리 타원이 심하지 않아 약 6.8% 에너지 차이가 나는 것과 비교해 보면 큰 차이지요. 물론 거리에 따른 태양복사에너지 차이는 추운 겨울과 더운 여름의 기온을 결정하는 요인 중 작은 요인에 지나지 않아요. 자전축의 기울기와 그에 따른 태양 입사각의 차이가 훨씬 중요하고 큰 결정 요인이지요. 하지만 기후의 규칙적인 변동에 영향을 미치는 요인임에는 틀림이 없어요.

기후변화 메커니즘

그렇다면 기후변화는 어떻게 일어날까요. 지구를 하나의 거대한 대상으로 놓고, 그 안에서 열을 비롯한 에너지가 어떻게 움직이는지를 알면 쉽게 이해할 수 있습니다.

지구는 태양의 행성이기 때문에 태양으로부터 막대한 양의 에너지를 받아요. 물론 대기가 있기 때문에, 이 에너지가 모두 지표에 도달하지는 않습니다. 약 70%를 흡수하고, 30%는 대기권에 반사됩니다. 에너지를 흡수한 경우, 그 에너지를 다른 곳에 소모하지 않는 이상 지구의 온도는 계속 올라갈 수밖에 없지요. 이런 일이 일어난다면 지구는 금세 끓어올라 버릴 거예요. 이런 일이 발생하지 않는 건, 지구가 받아들인 에너지에 해당하는 만큼을 다시 내보내기 때문이에요. 이때 지구를 향하는 태양의 에너지를 태양복사, 지구에서 나가는 에너지를 지구복사라고 하죠.

태양은 밝은 빛을 내지만, 지구는 그렇지 않지요. 태양과 지구가 내는 빛의 종류가 다르다는 뜻이에요. 지구가 내는 에너지인 지구복사는 온도가 낮기 때문에 적외선이라고 하는 형태로 나가요. 사람의 눈에는 보이지 않는 빛이지요. 적외선은 지구를 둘러싸고 있는 대기권의 수증기나 이산화탄소 등 일부 기체에 잘 흡수되는 성질이 있어요. 지구의 대기권에는 늘 수증기와 이산화탄소가 있기 때문에, 지구가 방출하는 에너지의 일부는 항상 대기권에 흡수된 뒤 지표로 재방출해요. 즉 전체적으로 봤을 때, 원래 지구는 태양에게 받은 에너지를 정확히 똑같이 내보내면서 에너지의 균형을 이뤄야 하지만, 일부가 대기권에 의해 되돌아오기 때문에 지구 표면의 온도도 조금 높아지는 효과가 있어요. 일종의 자연적인 온실효과지요. 온실효과가 어느 정도냐 하면, 대기가 없을 경우 지구의 표면 온도는 영하 18도가 돼야 하는데, 실제로는 영상 약 15도지요. 영상 15도라는 온

이산화탄소

메탄

아산화질소

자연적인 온실효과와 인간의 활동에 의한 온실효과
지구온난화가 일어나는 것은 대기 중에 붙잡혀 있는 에너지의 양이 증가했기 때문이다.
이는 인구의 증가와 산업화에 따라 온실기체의 양이 과거에 비해 늘어난 것이 원인이다.

도는 아주 중요해요. 물을 기반으로 한 지구의 생명이 살기에 적합한 온도이기 때문이에요. 만약 지구 대부분의 지역이 영하의 온도라면 물은 단단하게 얼어 있을 것이고, 물의 존재에 기반하는 DNA나 단백질 같은 생명 현상의 기본 분자들이 지금처럼 정교하게 작동하기에는 적합하지 않을지도 몰라요.

여기까지의 과정은 정상적인 온실효과예요. 하지만 이런 자연적인 효과 이외에도 지구의 기온을 높이는 요인이 있어요. 바로 우리 인간의 활동이에요. 특히 에너지를 얻기 위해 화석연료를 태우는 활동은 땅속(지각)에 갇혀 있는 탄소를 꺼내, 이산화탄소의 형태로 대기로 방출하는 결과를 낳아요. 그 결과 대기 중 이산화탄소의 양이 늘어나지요. 아까 대기 중의 수증기와 이산화탄소 등 일부 물질이 지구가 우주로 내보내는 에너지의 일부를 흡수해 지상으로 재방출한다고 했죠? 사람의 활동으로 대기 중 이산화탄소의 양이 늘어났으니, 이 온실효과를 일으키는 과정이 더 많이 일어나게 됩니다. 그 결과는 기존보다 기온이 더욱 증가하는 현상으로 나타나지요.

1880년부터 2012년까지 약 130년 동안, 지구 표면의 평균 온도는 0.85도 오른 것으로 파악되고 있어요. 더구나 온도의 상승폭은 더 커지고 있어요. 만약 아무런 대책을 세우지 않는다면, 최악의 경우 21세기 말에 지구의 기온은 다시 평균 3.7도 상승할 것으로 보여요(2014년 발표된 기후변화에 관한 정부간협의체(IPCC) 5차 보고서).

평균 기온이 늘어난다는 말이 어떤 뜻인지 잘 와닿지 않지요? 실생활의 측면에서 이야기를 해 보면, 추운 낮과 밤이 나타나는 빈도는 줄어들고, 반대로 따뜻한 낮과 밤이 나타나는 빈도는 늘어날 거라고 설명할 수 있어요. 그러니까 겨울에도 별로 춥지 않은 날이 늘어나는 것이지요. 흔히 평균 온도가 올라가고 기후변화가 나타난다고 하면, 매일매일의 기온이 다 올라가는 것을 상상하는데 전혀 그렇지 않아요. 이렇게 전체적인 온도가 올라가는 게 아니라, 추운 날이 점점 덜 나타나고 더운 날은 점점 더 늘어나는 식으로 평균 기온이 올라가게 돼요. 이 과정에서 물론 평소보다 더 추운 날도 나타나요. 대신 더 따뜻한 날도 늘어나 전반적인 기온 상승 패턴이 유지되지요. 그리고 극단적인 기온 차가 커지면서 극단적인 날씨 변화도 일어나게 되고, 이게 흔히 이야기하는 이상기후로 연결되기도 한답니다. 즉, 기후변화가 일어나 온도가 올라간다는 것은 기후의 변동 패턴이 예전과 달라지고, 그에 따라 극단적인 기상 현상이 늘어나는 현상이라고 정의할 수 있어요.

자, 지금까지 긴 시간에 걸쳐 일어나는 기후의 변화를 살펴봤어요. 때론 수천 년에서 길게는 수만 년에 걸쳐 기후가 요동을 쳤어요. 오르내리는 온도의 높낮이도 꽤 컸죠. 그렇다면 130년 동안 0.85도 정도 오른 것은 무척 작은 변화일 뿐이고 따라서 그냥 정상적인 지구의 기후 요동으로 봐야 하는 건 아닐까요? 지구의 온도가 고정된 게 아니니까요.

하지만 그렇지 않아요. 과학자들은 현재의 이산화탄소 농도 변화가 지난 35만 년 동안의 이산화탄소 농도와 비교했을 때 비정상적으로 급격히 높아졌다고 말하고 있어요. 기후가 아무리 오르락내리락한다고 해도, 이렇게 급하게 솟는 것은 너무 심하다는 뜻이지요. 그래프를 그려보면 정말 이상해요.

최근 40만 년 전부터 현재까지의 기온과 이산화탄소, 대기 중 먼지 농도의 관계를 살핀 다음 쪽 그래프를 보세요. 맨 위가 기온 변동, 맨 왼쪽 연도가 40만 년 전이에요. 두 번째 그래프가 이산화탄소 농도인데, 두 그래프가 굉장히 일치한다는 사실을 알 수 있어요. 기온이 오를 때는 급격히 오르고(즉 추운 빙하기에서 따뜻한 간빙기가 될 때인데, 이 과정은 약 1000년 만에 급격히 일어나요) 이산화탄소 농도 역시 똑같은 패턴으로 오르지요. 반대로 기온이 떨어져서 추워질 때(즉 추운 빙하기가 될 때)는 수만 년에 걸쳐 천천히 일어나는데, 이산화탄소 농도가 바로 뒤따라 떨어지는 경향을 보여요. 그래프가 신기할 정도로 비슷한 패턴을 보이지요. 기온과 대기 중 이산화탄소 농도가 관련이 높다는 뜻이에요. 뿐만 아니라 약 10만 년 간격으로 오르내리는 기온과 대기 중 이산화탄소의 농도 역시 대단히 규칙적인 모습으로 반복되고 있어요. 외부 요인에 의한 기후변화, 즉 '자연적인' 기후변화를 증명하는 것이지요.

참고로 맨 아래는 대기 중 먼지 농도인데, 먼지 농도는 추운 기후, 그러니까 맨 위 그래프에서 가장 낮은 온도를 보이는 곳에서 높아지는 경향이 있어요. 이산화탄소와는 반대지요. 즉 춥고 건조한 기후 직후에 먼지 발생이 높다는 뜻이에요. 사막화가 많이 된 곳에 먼지가 많이 날리는 것을 생각하면 이해하기 쉬울 거예요.

반면 산업화 시대 이후는 전혀 달라요. 온실기체의 대기 중 농도가 인류가 인지할 수 있을 정도로 짧은 시간, 즉 두세 세대 안에 급격히 증가했다는 거지요. 2014년 발표된 기후변화에 관한 정부간협의체(IPCC) 제5차 보고서에 따르면, 1880~2012년까지 130여 년 동안 지구의 평균 표면 온도는

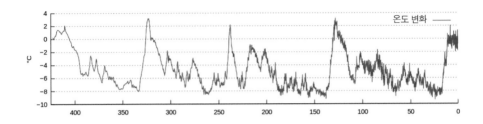

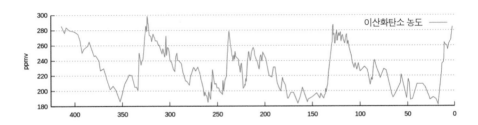

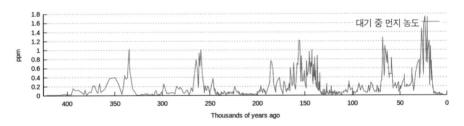

지난 40만 년 동안의 온도 변화, 이산화탄소 농도, 대기 중 먼지 농도 그래프
ⓒ미국해양대기청(NOAA)

0.85도 상승했다고 했어요. 자연적인 기후변화로 6000년 전 이후 지금까지 지구의 평균 기온이 2~3도 변했다는 사실과 비교하면 얼마나 가파른 상승인지 실감할 수 있죠. 그러니까 아무리 자연적인 기후 요동을 염두에 둔다 해도, 우선 이산화탄소의 농도 자체가 이전의 규칙에서 벗어나 지나치게 높아졌고, 또 너무 빨리 증가하고 있어요. 기존에 과학자들이 파악한 요인으로 설명할 수 없다는 뜻이지요. 오직 인간의 활동만이 유일한 원인인 거예요.

지금도 일부 과학자들은 최근의 기후변화가 사람 때문에 일어나는 것이 아니라고 주장하고 있어요. 연구 논문을 분석한 결과를 보면, 100명 가운데 3명이 그런 반응을 보인다고 하지요. 이들이 내세우는 근거는 취약해요. 130년 동안 1도도 안 올랐다는 게 너무 적다는 주장이 대표적이죠. 하지만 위에서 설명한 것처럼 수천수만 년이 아니라 100년 만에 1도가 오른 것은 대단히 급격한 변화이므로 적절한 비판은 아니에요.

또 다른 주장은 온실효과의 가장 큰 범인이 이산화탄소가 아니라는 주장이에요. 수증기가 더 큰 영향을 미친다는 거죠. 실제로 온실효과의 80% 가까이가 구름과 대기 중의 수증기 때문에 일어나요. 대기 중 부피만 따져도 수증기가 이산화탄소의 25배나 되니까 당연하지요. 하지만 이를 바탕으로 이산화탄소의 역할을 폄하하는 건 설득력이 약해요. 대기 중의 수증기 양은 수시로 변해요. 그리고 수증기량 변화에 따라 온실효과가 강해지는 것도 사실이에요. 그런데 수증기량의 변화와 그에 따른 온실효과를 처음 촉발하는 계기가 되는 것이 바로 이산화탄소예요. 이산화탄소가 지표의 온도를 올리면서 빙하가 녹고 구름이 늘며 수증기량이 증가하는 등 전체적인 온실효과가 더 많이 발생하기 때문이에요.

기후변화를 일으키는 주범으로 이산화탄소와 수증기만 언급했는데, 사실 주범은 이 둘만이 아니에요. 흔히 '온실기체'라고 부르는 기체들이 기후변화를 일으키고 있죠. 온실기체에는 이산화탄소, 질소산화물, 메탄, 오존 등이 포함되는데, 이들의 함량은 전체 대기의 0.044% 미만으로 미량기체로 분류돼요. 하지만 지구에서 우주로 내보내는 지구복사열 가운데 일부 파장대의 복사열을 흡수해 대기에 배출하는 성질을 갖고 있어요. 이 때문에 대기의 온도를 급격히 올리는 거예요.

주요 온실가스와 온난화 기여도 (자료 출처:미국기상학회보, 지구물리저널, 위키피디아)

성분	공식	대기 중 농도(ppm)	기후변화 기여도(%)
수증기 및 구름	H_2O	10~50,000	36~72
이산화탄소	CO_2	400 이하	9~26
메탄	CH_4	1.8 이하	4~9
오존	O_3	2~8	3~7

이들 가운데 가장 대표적인 온실기체는 이산화탄소예요. 메탄이나 육불화황 등 다른 미량기체에 비해 온난화 유발 효과는 상대적으로 낮은 편이지만, 기후변화를 촉발하는 특성이 있고 미량기체 가운데 압도적으로 많은 비중을 차지하고 있어(전체 대기 중 0.04% 이상) 과학자들 사이에서는 기후변화 완화를 달성하기 위한 대표 감축 목표가 됐어요. 실제로 기후변화에 기여하는 비중을 봐도 약 20% 정도로 수증기 다음으로 높기도 하고요. 기후변화 완화 정책에 항상 '저탄소'라는 말이 따라붙는 것도 이 때문이에요.

이산화탄소는 지상의 연소 결과로 만들어지기에 난방, 산업, 교통, 발전 등 광범위한 인간 활동이 다 원인이에요. 대기 중 이산화탄소 농도는 과학적인 측정이 이뤄진 1958년 이후 지금까지 약 20%, 산업화 초기인 1750년대 이후부터 따지면 40% 증가했어요. 이산화탄소는 절반 이상은 생물이 흡수해 몸에 지니거나 물에 녹아 100년 안에 대기 중에서 사라지지만, 일부는 수천 년까지 대기에 머물기 때문에 지금 인류가 일시에 모든 연소를 멈춘다고 해도 영향이 바로 사라지지 않아요.

지구 기온 '평균의 마법'

추운 겨울을 떠올려보세요. 먹을 것이 될 식물도 없고 끊임없이 난방을 해야 하니 참 살기가 힘들어요. 그래서 가끔 '기후변화가 일어나면 따뜻해지니까 사람에게는 오히려 좋은 건 아닌가' 하는 생각을 하는 사람이 있어요.

이 질문은 언뜻 그럴 듯해요. 우리는 추운 곳보다는 따뜻한 곳을 좋아해요. 식물도 동물도 추운 환경보다는 따뜻한 곳에 더 다양한 생태계를 구성하며 살죠. 일단 물이 얼음이 아니라 흐르는 상태로 존재할 수 있으니 풍부하고, 물이 풍부하니 생명체가 많고, 그 결과 먹을 게 많고, 그래서 더 복잡하고 다양한 생태계가 유지되죠.

그런데 이것은 하나만 보고 둘은 보지 못하는 생각이에요. 모든 환경에는 그 환경에 적응한 생명이 살고 있어요. 추운 곳에는 추운 환경에 적응한 생물이 살고 있죠. 그런데 이곳의 평균 기온이 갑자기 오른다면? 원래 살던 식물과 곤

충, 미생물, 동물은 살기 힘들어질 거예요. 130년 동안 평균 기온이 0.85도 올랐으니 큰 차이가 아니라고 생각할지 몰라요. 우리가 난방기나 에어컨의 온도를 1도 조정해 봤자 큰 차이를 느끼긴 힘드니까요.

하지만 '평균의 마법'을 주의해야 해요. 만약에 학교 시험에서 '반 평균이 1점 올라갔다'고 하면 그 반 학생들의 점수가 모두 1점씩만 올라간 것일까요? 평균 점수가 1점 올랐다는 것은, 몇몇은 1점이 아니라 몇 점씩 점수가 뛰었다는 뜻이에요. 마찬가지로 지구 평균 기온이 1도가 올랐다는 것은, 어떤 곳은 1도가 아니라 몇 도씩 기온이 뛰었다는 뜻이지요.

이렇게 평균 1도 차이가 난다는 것은 모든 날의 온도가 1도 오른다는 뜻이 결코 아니에요. 대부분의 날은 온도가 큰 차이가 없을 거예요. 일부 날의 온도만 큰 폭으로 달라져도, 평균 온도 차이는 1도를 유지할 수 있죠. 이 말은, 대부분의 날은 비슷한 온도지만 단 며칠만 지나친 폭염이나 한파(큰 추위)가 닥친다는 뜻이기도 해요. 그리고 우리가 가장 두려워하는 기후변화의 피해가 나타나는 순간이 바로 이런 날들이지요. 그 자세한 이야기를 우리는 곧 만나게 될 거예요. 지구 곳곳에서 지금 현재 일어나고 있는 일들을요.

2 기후변화의 거센 도전

저는 고양이 말레예요. 인도양의 섬나라, 몰디브의 수도 말레에 살고 있죠.
말레에는 제 집사인 사람도 많이 살아요. 12만 명이나 되는 사람이 사는데,
작은 섬을 빈 곳 없이 빼곡하게 주택이 채우고 있는 모습을 보면 정말 경이로워요.
섬 주변을 산호초가 둘러싸고 있지만, 그래도 혹시 몰라 사람들은 방파제로
더 둘러싸고 있어요. 덕분에 평소에는 폭풍이 몰려와도 육지에는 큰 피해 없이
평화로운 삶을 살 수 있었답니다. 외지 사람들이나 고양이가 보면
도시 바로 앞까지 물이 찰랑찰랑 차 있는 것 같아 위태롭지만,
막상 거기 사는 사람들은 아주 아늑하고 평화로웠다니까요.
기후변화로 해수면이 급격히 높아지기 전까지는요.

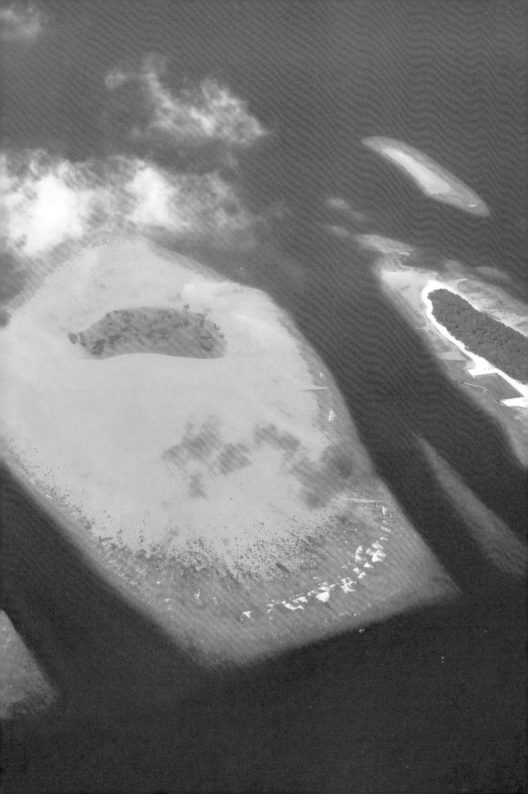

더 뜨거워지고 더 추워지고

2018년 2월, 미국항공우주국(NASA) 고다드우주연구센터는 전 세계 6300여 개 기상관측소와 극지측정소 자료를 종합한 결과, 2018년 1월이 근대 기상 측정이 이루어진 138년 동안의 1월 가운데 다섯 번째로 따뜻한 1월이었다고 발표했어요. 한국은 당시 꽤 춥고 눈도 많이 오는 겨울을 겪었기 때문에 다소 의아한 결과였지요(하지만 실제로 NASA가 공개한 이상기후 지도를 보면 한반도는 조금 추운 기후를 의미하는 푸른색이 칠해져 있었어요).

발표 자료에 따르면, 기온이 과거보다 가장 높았던 곳은 6.59도 높았고, 가장 추웠던 곳은 3.42도 낮았어요. 그리고

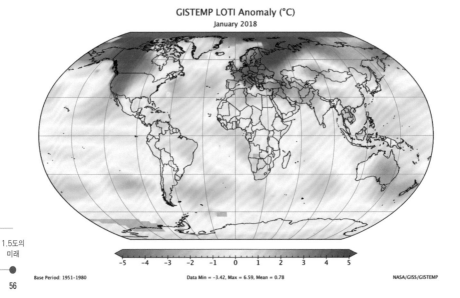

GISTEMP LOTI Anomaly (°C)
January 2018

Base Period: 1951-1980   Data Min = -3.42, Max = 6.59, Mean = 0.78   NASA/GISS/GISTEMP

NASA 고다드우주연구센터가 공개한 2018년 1월의 이상 기온 지도.
1951~1980년대의 평균 기온을 기준으로 해당 월의 기온이 얼마나 높았는지, 낮았는지를 비교했다.
한반도는 약간 푸른빛으로 나와 20세기 중·후반보다 조금 추웠음을 알 수 있다.
하지만 유럽과 북미 대륙 서쪽, 극지방, 남태평양 등 상당 지역이 꽤 따뜻했음을 알 수 있다.

전 지구의 평균 온도 기준으로 0.78도가 높았어요. 흥미로
운 것은 역대 순위예요. 역대 가장 평균이 높았던 이상 기
온의 해는 2016년이었는데, 과거보다 1.16도 높았어요. 2
위는 2017년인데도 0.97도 높았어요. 3위는 지금부터 10여
년 전인 2007년으로 0.81도 높았는데, 4위는 다시 최근인
2015년으로 0.81도 높았어요. 다시 말해 2015년 이후 최근

연속된 네 해 동안의 1월 지구 평균 기온은 138년 가운데 1, 2, 4, 5번째로 높았다는 뜻이에요. 지구는 최근 4년 사이에 138년 중 가장 높은 겨울 기온을 보이고 있어요. 바로 지금, 우리는 기후변화의 결과를 매 겨울마다 체험하고 있는 셈이에요!

이런 통계를 보면 이상해져요. 왜냐하면 최근 사람들은 독특한 사례를 관찰했거든요. 2018년 1월 전 세계 뉴스를 강타한 사진과 영상이 있어요. 미국 뉴욕의 맨해튼이 완전히 눈에 덮여 있는 모습이에요. 적막에 쌓인 맨해튼은 모든 지상 교통수단이 마비됐고, 사람들은 두꺼운 옷으로 중무장을 한 채 빙하기를 떠올리게 하는 눈 세상을 걸어 다녔지요. 마치 2000년대 초반 전 세계적으로 유행을 했던 영화 〈투모로우〉의 한 장면 같이요.

실제로 통계상으로도 이런 경향은 증명이 돼요. 2018년 1월의 북미는 이상 한파를 겪었어요. 왼쪽 지도에도 보일 거예요. 미국과 캐나다의 동쪽 절반이 파랗게 되어 있는 모습을요. 북미 동부 해안은 평소보다 1~2도 낮은 평균 기온을 보였어요. 반면 미국 중서부 해안은 평소보다 5도나 높았지요.

북미 대륙만 봐도 온도 차이가 극심한 것을 알 수 있어요. 미국과 캐나다는 서부 해안과 동부 해안의 온도가 거의

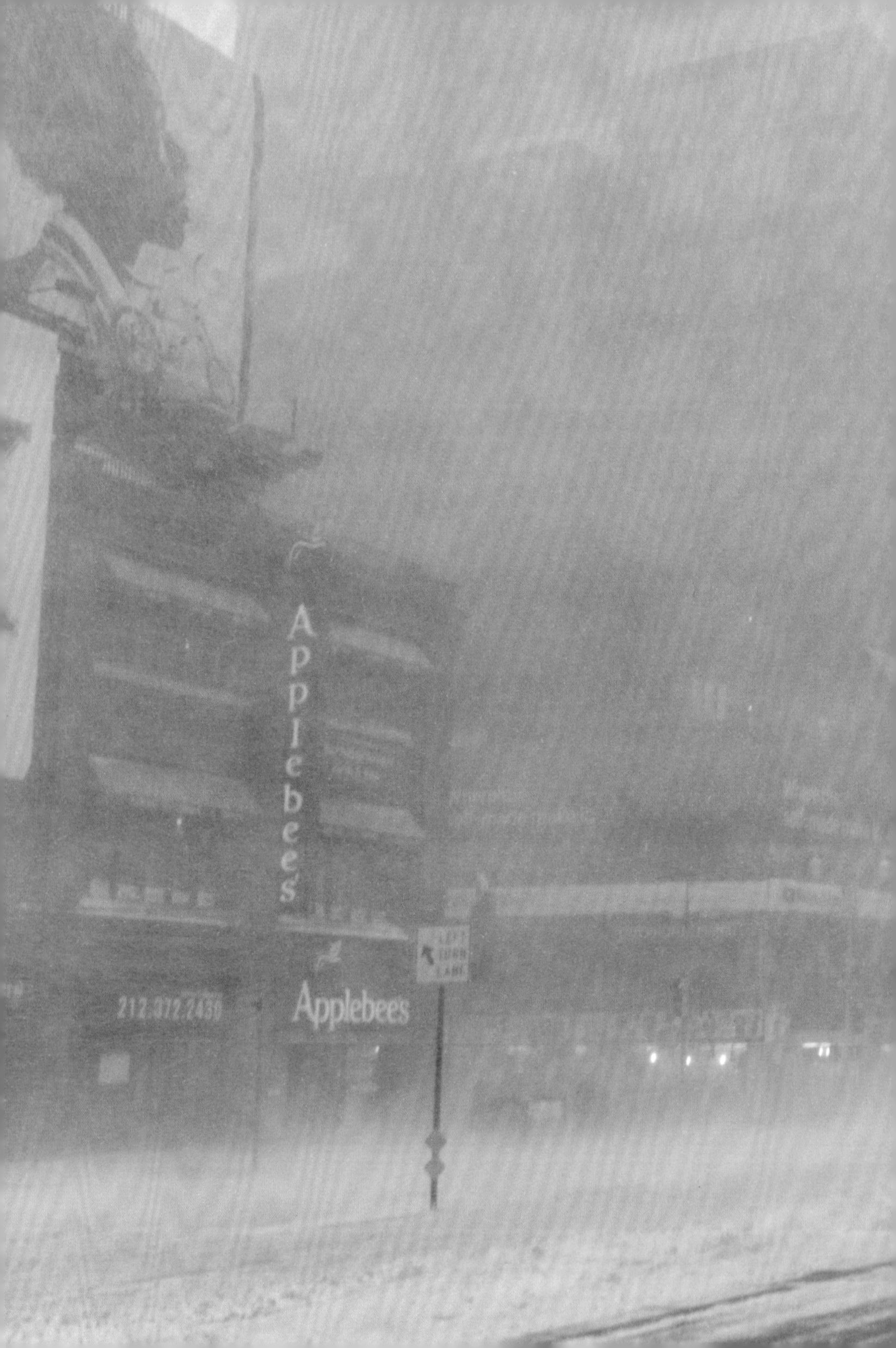
Applebee's
LEFT TURN LANE
212.372.2430
Applebees

거센 눈발이 휘몰아치는 2018년 뉴욕 맨해튼

6~7도 차이 났던 거예요. 한쪽은 따뜻한 겨울을 맞고 있고, 반대쪽은 한파와 폭설로 큰 피해를 입었지요.

왜 이런 일이 일어났을까요. 과학자들은 기후변화에 큰 원인이 있다고 생각하고 있어요. 이례적인 무더위는 극한 기상의 일종으로 기후변화의 대표적인 결과물이거든요. 극한 기상이란 어떤 장소, 시간에 드물게 발생하는 기상 현상을 의미해요.

더구나 1월 기온만 변화한 게 아니에요. 오른쪽 그래프를 보세요. 역시 NASA 고다드우주연구센터에서 138년 동안의 월별 이상기후변화 동향을 비교해 기록한 그래프예요. 19세기 말(파란색)부터 20세기 초중반(녹색), 20세기 후반(노란색), 그리고 21세기 초반(붉은색)까지 모든 달에 일정하게 기온이 증가하고 있음을 알 수 있어요. 학자들에 따르면, 1983년부터 2012년까지 30년은 약 140년 동안 가장 무더운 시기였어요. 더구나 그래프에서도 볼 수 있듯, 이 30년 사이에도 10년 간격으로 더위는 계속 심해졌죠. 전반적인 온난화가 심해졌다는 증거예요. 겨울 기온에 특히 주목해 주세요. 12~2월 사이 겨울 기온의 최근 증가폭이 훨씬 크지요. 추운 겨울에 온도 상승폭이 더 크다는 뜻이에요. 즉 겨울의 기후변화 영향이 큰 편이죠.

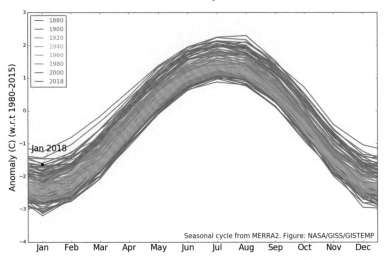

GISTEMP Seasonal Cycle since 1880

월별 이상기후 변화 동향(1880~2018)(자료 : NASA 고다드우주연구센터)

홍수와 태풍, 그리고 폭염

"기후변화의 피해가 점점 심각해지는 추세입니다."

2017년 9월, 한국을 방한한 아티크 라만 방글라데시 고등과학원 부의장이 이렇게 말했어요. 당시 방글라데시는 심각한 홍수 피해를 겪고 있었죠. 히말라야 산맥 남쪽에 흐르는 큰 강 세 개가 다 범람했기 때문이에요. 방글라데시는 2004년에도 홍수가 나 국토 전체의 3분의 1이 잠겼는데, 2017년에도 거의 비슷한 피해를 입었어요. 지난 4월에는

2017년 방글라데시 대홍수

사이클론 때문에 농작지가 크게 파괴됐고, 해수면 상승으로 이미 사라진 섬도 있었어요.

방글라데시만 피해를 입은 게 아니었어요. 인도와 네팔 등 남아시아를 아우르는 지역 전체가 2017년 8월 말부터 대홍수에 시달렸어요. 4000만 명 이상의 이재민이 발생했을 정도예요. 4000만 명이라니 상상이 가나요? 대한민국 국민의 80%가 홍수로 집과 마을을 잃었다고 생각하면 얼마나 엄청난 규모의 피해인지 알 수 있을 거예요.

필리핀 역시 심각한 피해를 입은 사례가 있어요. 태풍 때문이에요. 2013년 욜란다 태풍이 필리핀을 강타했어요. 욜란다 태풍의 정식 이름은 하이옌 태풍인데, 필리핀에 가장 큰 피해를 입혔기 때문에 필리핀식 이름인 욜란다 태풍으로도 불려요. 이때 무려 6300명이 목숨을 잃었고 2만 8000명이 부상을 당했어요. 실종자도 1000명이 넘는데 대부분 사망한 것으로 추정하고 있어요. 글렌 파라소 필리핀 기후변화회의 국가전문패널은 "작은 섬들로 이루어진 필리핀은 기후변화 때문에 가장 큰 피해를 겪는 나라 5위 안에 매년 드는 나라"라며 피해가 극심하다고 비통하게 말했어요.

남아시아만이 아니에요. 같은 기간 선진국인 미국에서도 대홍수가 났어요. 남부 지역 플로리다에 초대형 허리케인이 휩쓸어서이지요. 150만 가구 이상이 정전에 시달렸고, 도널트 트럼프 미국 대통령은 이 일대를 집중 재난 지역으로 선포해 피해 복구에 만전을 다하도록 당부했어요. 당시 미국에 대형 허리케인이 접근한 것은 불과 일주일만이어서 더 충격이 컸어요. 텍사스 지역에 허리케인 '하비'가 찾아왔거든요. 수천 명이 목숨을 잃고 수십 만 명의 이재민이 발생한 2005년의 허리케인 '카트리나'를 떠올리며 사람들은 공포에 떨었어요. 9월 3일 영국 BBC 뉴스에 따르면, 텍사스

허리케인 하비 위성사진 ⓒhttp://www.weathernationtv.com

1963년부터 2001년에 걸쳐 점차 말라버린 아프리카의 호수 차드
ⓒhttps://www.geocurrents.info

정부는 하비에 의한 피해를 복구하기 위해 1800억 달러(약 198조 원)가 들 것으로 예상했다고 해요. 어마어마하죠!

실제로 최근 강수량은 증가 추세를 보이고 있어요. 전문가들은 기후변화로 전 세계의 총 강수량이 20% 증가했다고 보고 있어요. 전체적인 강수량이 늘어난 것도 문제지만, 이 비가 지역에 따라 고르게 분배되지 못하고 일부 지역에 집중되고 있어서 더 큰 문제지요. 아프리카와 남아메리카 칠레 같은 지역은 오히려 비가 절반 가까이 줄었다고 하니까요. 아프리카의 큰 호수였던 차드 호가 40년 사이에 증발한 것도 이런 기후변화와 관련이 깊어요. 차드 호는 세계 6대 호수에 들 정도로 컸고 주변 국가들에게 식수를 공급했

는데, 이 호수가 줄어드니 이 지역에는 크고 작은 다툼이 일어났답니다.

IPCC 5차 보고서에 따르면, 폭염 역시 큰 주의가 필요해요. 과학자들은 폭염 발생 가능성이 인간의 영향으로 두 배이상 증가했을 가능성이 높다고 진단했어요. 일단 폭염은 건강에 치명적인 영향을 미쳐요.

이런 날씨는 대기의 불안정성을 유도해 강력한 태풍이나 사이클론 등 열대성 폭우를 동반할 가능성도 높아요. 실제로 지난 20년 사이에 허리케인과 사이클론의 수가 눈에 띄게 늘었어요. 반대로 가뭄이나 폭설도 늘 수 있어요. 최근 한반도를 강타하고 있는 여름 폭우나 겨울 폭설이 모두 기후변화에 따른 요동일 가능성이 높은 것이죠. 그에 따라 늘어난 해수면은 해일이 몰려올 가능성을 높일 수밖에 없어요.

이런 피해의 공통점은 과거보다 과격해진 기상 현상 때문에 벌어졌다는 사실이에요. 앞서 설명한 극한 기상 현상이지요. 가장 쉽게 생각할 수 있는 예는 강력한 기상 현상인 태풍과 허리케인, 사이클론이에요. 바로 위에 예를 든 방글라데시나 필리핀, 미국의 사례가 모두 그 예지요.

따뜻해지는 극지, 녹는 빙하, 변하는 바다

기후변화의 대표적인 이미지는 무너지는 빙하지요. 쩍 소리와 함께 갈라져 물속에 잠기는 북극의 빙하, 작아진 빙하 조각 위에 위태롭게 서 있던 홀쭉한 북극곰이 다른 빙하로 뛰어오르는 모습 등이 대표적이에요.

실제로 기후변화의 피해를 가장 크게 느낄 수 있는 곳은 남극과 북극의 얼음이에요. 비교적 따뜻한 지역에 사는 사람들에게 기온이 올랐다는 사실은 그냥은 느끼기 어려워요. 사람은 온도계가 아니니까요. 평균 온도가 1도, 2도 높아진 사실을 체감한다는 건 불가능해요. 하지만 얼음의 상태 변화를 보면 다르지요. 고체였던 얼음이 녹아 액체가 되거나, 반대로 액체였던 물이 얼음이 되면 금방 눈에 띄는 기후변화의 증거가 돼요.

그렇다 보니 북극과 남극의 얼음들은 기후변화 추세를 확인하기 위한 가장 좋은 소재가 돼요. 빙하가 얇아지거나 작아지는지를 확인하는 것이지요. 인공위성을 이용해 위성이 덮고 있는 땅의 넓이를 구하는 방법이 많이 이용돼요. 이런 방법을 통해 각지의 빙하 크기를 비교한 결과를 보면 실제로 많은 얼음이 줄어들었어요.

통계에 따르면, 1992년부터 2011년 사이의 20년 동안 그린란드(북극)와 남극의 빙상 질량은 점차 줄어들었어요. 가장 많이 줄어들었던 해는 2012년이었는데, 그해 여름(8월 말) 해빙의 크기는 관측 기간 사이에 가장 컸던 1996년의 절반 이하였어요. 미국항공우주국(NASA)의 2018년 2월 발표를 보면, 육상의 얼음은 매년 약 2860억 톤씩 녹고 있어요. 극지방의 얼음 최소량은 10년마다 13.2%씩 줄어들고 있지요. 빙상이 줄어드는 속도는 점점 빨라져서 2002년 이후 10년 동안이 이전보다 더 빨랐어요. 2017년 8월 말 NASA 발표 자료를 보면, 북극 해빙의 총 넓이는 520만km²로, 크지도 작지도 않은 정도 크기를 기록하고 있어요.

봄에 눈이 오는 양 역시 북반구에서 줄어들었어요. 눈 오는 양이 줄고 온도는 올랐으니, 원래 북극 지역에 널리 있었던 영구동토층의 넓이도 줄었죠. 영구동토층은 2년 이상 토양의 온도가 영하로 유지된 땅을 말해요. 추운 지역인 북극이나 남극 상당수 지역이 영구동토층이죠. 북반구 영토의 약 4분의 1이 영구동토층에 해당될 정도로 넓어요. 그런데 이 영구동토층이 사라지고 있다니, 이 역시 강력한 기후변화의 증거죠. 영구동토층은 이산화탄소를 품고 있는 저장고 역할도 하는데, 녹으면서 이산화탄소를 더욱 방출하는

무너지는 빙하

문제도 있답니다.

북극은 대륙이 없고 바다로 이뤄져 있죠. 물론 북극권에 속하는 육지의 고위도 지역이 포함되지만요. 북극 해빙의 넓이는 1979년부터 2012년까지 급격히 줄어들었어요. 10년 동안 약 4% 정도가 줄었죠. 북극을 덮고 있는 얼음의 두께는 평균 3m 정도로 아주 얇아요. 남극이 3000m 정도의 두터운 얼음으로 뒤덮인 것과 대조적이지요. 남극은 반대로 약간 늘어났는데, IPCC는 남극 대륙의 지역별로 얼음이 늘어난 곳과 줄어든 곳이 있을 거라고 해요. 특히 여름철 빙하 넓이가 크게 줄었어요.

높은 산꼭대기에 있는 만년설과 계곡의 빙하 역시 기후변화의 대표적인 증거들이에요. 만년설은 지상의 빙하나 바다의 빙하인 해빙과 마찬가지로 결코 녹지 않아요. 흔히 '빙하가 후퇴했다'고 표현하는데, 과거 빙하로 덮였던 곳이 돌이나 식물로 덮인 곳으로 변한 경우가 많아요. 아프리카 킬리만자로의 정상을 미국항공우주국(NASA) 지구관측소가 찍은 사진을 보면, 정말 변화가 확연해요. 1993년 2월에 찍은 사진에서 정상을 폭넓게 덮고 있던 만년설이 2000년 2월 사진에서는 거의 보이지 않아요. NASA는 몇 해 지나지 않아 이 만년설이 완전히 사라질지도 모른다고 보고 있지

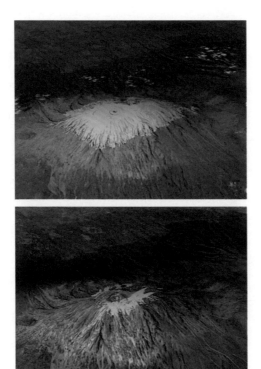

NASA 지구관측소가 촬영한 7년 사이의 아프리카 탄자니아 킬리만자로 산의 만년설 변화
ⓒhttps://earthobservatory.nasa.gov

요. 이곳만이 아니에요. 알프스 산맥을 덮고 있던 빙하, 남미 안데스 산맥을 덮고 있던 빙하들도 대부분 녹아 사라지고 있어요.

전체적인 빙하의 양이 줄어들면서 이곳에 사는 생물들에게는 치명적인 결과가 나오고 있어요. 생태계를 변화시키고 생물 집단을 위협하는 가장 중요한 요인은 서식지가 파괴되는 것이거든요. 인간이 직접 숲이나 강가, 산을 개발해서 서식지가 파괴되는 경우도 문제지만, 기후변화 때문에 서식지의 환경이 변하고 나아가 완전히 사라지는 경우도 문제지요. 그중 기후변화로 서식지가 사라지는 대표적인 지역이 바로 극지예요. 남극의 해빙이 점점 녹아 부서지고 사라지니 이곳의 터줏대감 노릇을 하는 황제펭귄의 수가 지난 20세기 후반에서 21세기 초까지 50년 동안 70% 넘게 줄어들었어요.

빙하의 양이 줄어들면 바닷물과 민물이 방출되니 액체 상태의 바닷물 양이 늘어날 수밖에 없어요. 해수면의 높이가 올라가겠죠. 실제로 1901년부터 2010년까지 110년 동안 해수면 높이는 19cm가 높아졌어요. 1년에 약 2mm 높아진 수치로, 언뜻 보면 아주 적어 보이지요. 하지만 결코 그렇지 않아요. 그 이전 2000년 동안 늘어난 해수면 높이보다 많이 늘어난 수치거든요. 기간은 20분의 1로 훨씬 짧은데도 말이에요.

더구나 미국 남플로리다대학과 NASA 고다드우주연구센터 등이 2018년 2월 12일 미국국립과학원회보에 발표한 연구 결과에 따르면, 해수면 상승 속도는 점점 더 극적으로 높

미국 남플로리다대학과 NASA 고다드우주연구센터 공동연구팀이
2018년 2월 발표한 데이터 일부. 22년 동안의 해수면 상승폭을 시각화했다.
붉은색이 해수면 상승이 감지된 곳이다. ©https://www.nasa.gov

아지고 있어요. 연구팀이 미국 및 유럽연합의 위성 자료를
이용해 1992년 이후의 해수면 상승 패턴을 분석한 결과, 상
승 속도는 20세기 후반에 가속화되었고 최근 25년 사이에
는 더욱 가파르게 빨라지고 있어요. 20세기 말인 1990년대
에는 해수면이 해마다 2.5mm씩 상승해 20세기 평균보다
빨리 높아졌어요. 그런데 이번 새 연구 결과를 보면, 최근에
는 3.4mm로 더욱 급격히 상승하고 있어요.

연구팀은 두 가지 원인을 꼽고 있어요. 높아진 온도로 바닷
물 자체가 팽창한 결과가 하나예요. 이 때문에 25년 동안 약
3.5cm 해수면이 높아졌다고 연구팀은 분석했어요. 두 번째

는 육상 빙하가 녹은 것이에요. 주로 그린란드와 남극 대륙의 빙하가 녹은 것으로 분석됐죠. 이 역시 25년 동안 약 3.5cm의 해수면 상승을 주도했다고 연구팀은 보고 있어요. 종합하면, 이런 결과가 가져올 파국은 무시무시해요. 해수면은 2100년에 약 65cm 높아질 것으로 예측됐어요.

만약에 육상의 빙하가 모두 녹으면 어떻게 될까요. 2015년 11월 '뉴욕타임스'에 따르면, 온도가 1~4도만 높아져도 빙하가 녹는 경향은 멈출 수 없어요. 육상의 빙하에는 담수의 75%가 들어 있어요. 이들이 모두 녹을 경우 해수면 상승은 불가피해요. IPCC의 추정에 따르면, 해수면은 모두 57m 올라갈 것으로 예상돼요. 지구의 지도가 변하겠죠.

해수면 온도도 높아졌어요. 지난 100년 동안 열대 바다의 해수면 온도는 약 1도 높아졌어요. 이 지역에 사는 산호초에게는 큰 악재죠. 산호는 미생물이 만드는 산소에 의존해 살아가는데, 높아진 수온 때문에 미생물이 사라지고, 산호는 산소가 부족해져서 죽고 마는 현상이 일어났어요. 이런 현상을 산호초 백화 현상이라고 하는데, 무더웠던 1998년의 경우 전 세계 산호의 약 16%가 백화 현상으로 죽었어요.

또 앞서 말했듯 바닷물의 부피를 팽창시켜 해수면 상승도 가속화하죠. 마지막으로 해양 산성화가 심해져서 생태

산호의 백화 현상(호주 그레이트 베리어 리프 북쪽에 위치한 리자드 아일랜드) ⓒhttp://www.slate.com

계 변화도 일으켜요. 2007년에 나온 기후변화에 관한 정부 간 패널(IPCC) 4차 보고서에 따르면, 사람이 배출한 이산화탄소는 약 40%가 대기 중에 머물고 약 30%가 바다에 녹는 것으로 나타났어요. 이산화탄소가 녹으면서 해양 산성화가 심해졌죠. 산성도는 수소 이온 농도로 측정하는데, 수소 이온 기준으로 과거보다 약 4분의 1 정도 산도가 증가했어요. 강수량이 늘어나면서 북반구 중위도의 염분 농도가 1901년부터 낮아지기도 했어요.

반면 해양의 산소 농도는 떨어졌어요. 2017년 2월 '네이처'에 실린 독일 연구팀의 연구 결과를 보면 1960년부터 50년 동안, 바다에 녹아 있는 산소 양은 약 2% 줄어들었어요. 과학자들은 2100년까지 지구 전체 바다에 녹아 있는 산소의 양은 최대 7%까지 줄어들 수 있다고 경고하고 있어

요. 바다 생물들이 떼죽음을 당할 수도 있는 큰 변화라 특별한 주의가 필요한 수준이에요.

대기오염과 기후변화

대기오염과 기후변화는 서로 관계가 있을까요? 얼핏 보

면 별 상관없을 듯 보이지만 전혀 그렇지 않아요.

요즘 한반도를 연일 강타하고 있는 미세먼지, 대도시를 울상 짓게 만드는 질산 및 황산화물 오염물, 그리고 높은 오존 농도가 늘 사람들의 삶을 힘들게 하고 있어요. 미세먼지는 사람들의 기대수명을 줄이고 있다는 사실이 속속 밝혀지고 있죠. 하버드대 보건대학원 연구팀이 2017년 두 차례에 걸쳐 연구한 결과에 따르면, 미세먼지 PM2.5(Fine Particles 초미세먼지)에는 '얼마의 농도 이상이어야 사망률에 영향을 미치기 시작한다'는 기준치가 존재하지 않아요. 아주 적은 양이라도 조기에 사망하게 만드는 데 일정한 영향을 미친다는 뜻이지요. 더구나 장기든 단기든 가리지 않아요. 오랫동안 흡입했을 때 더 영향이 큰 건 사실이지만, 불과 며칠 흡입한 경우에도 전체 인구집단에서 노약자의 사망률이 높아졌다는 사실이 밝혀졌답니다. 또 2017년, 홍콩 중문대 연구팀이 30만 명 이상의 대만 사람들을 대상으로 질병과 미세먼지 사이의 영향을 연구한 결과에 따르면, 미세먼지는 남성의 정자 수를 줄이고 고혈압 위험을 높여 건강에 큰 피해를 주기도 해요.

이런 대기오염의 폐해가 기후변화에도 영향을 미친다는 사실이 계속해서 밝혀지고 있어요. IPCC에 따르면, 대기 중 이산화황(SO_2) 농도를 저감하면 온난화가 심해지고, 대기 중 질산화물(NOx) 농도를 바꾸면 온난화와 그 반대 현상인 냉각화가 모두 나타나요. NOx에 의한 온난화는, NOx가 메탄의 주기와 미세입자(에어로졸) 형성에 영향을 미치기 때문에 나타납니다. 냉각화는 이 물질이 대류권의 오존량을 줄여서 나타나는 것으로 IPCC는 설명하고 있어요.

대기오염 물질은 연쇄작용을 거치기 때문에 하나를 없애거나 늘리면 다른 기체의 함량에 변화가 일어나고, 온난화에도 복잡한 영향을 미치게 돼요. 이 현상을 잘만 이용하면 오염물질을 줄여 대기를 깨끗하게 하면서도 기후변화도 잡을 수 있는 일석이조의 효과를 누릴 수 있어요. 그러기에 좋은 방법 중 하나는 인위적으로 배출되는 메탄을 조절하는 방법이에요. 지표 부근의 대기 중 오존 농도도 줄일 수 있고 기후변화도 잡을 수 있거든요.

중국에서 겨울철에 난방을 하고 나면 많은 양의 황산화물이 발생해요. 황산화물은 미세입자 형태로 대기 중에 머물며 태양빛을 가리는 효과를 냅니다. 연기가 자욱하게 대기를 덮어서, 마치 우산처럼 태양복사에너지를 차단시키는 현상이 일어나는 거죠. 일각에서는 이 메커니즘을 이용해 인위적으로 미세입자를 대기 중에 퍼뜨리는 방법으로 기후변화를 완화시키려는 시도를 하기도 해요.

그런가 하면 미세먼지의 일종인 블랙카본은 열을 흡수하는 역할을 해 기후변화를 촉진해요. 이 입자가 겨울철 눈 위에 떨어지면 반사율을 떨어뜨려 다시 지구에 흡수되는 태양복사에너지의 양을 늘리는 결과를 낳지요. 미세먼지 관리를 잘 하면 기후변화를 일부 완화시킬 수도 있다는 뜻이에요.

현재 일부 기후 및 기상 과학자들은 기후변화에 대처하기 위해 대기 환경을 다시 연구하고 있어요. 대기오염은 그자체로 인류의 건강에 영향을 미치기 때문에 당연히 줄이기 위해 노력해야겠지요. 오늘날에는 전 지구적인 문제로꼽히는 기후변화 역시 대기오염과 뗄 수 없는 관계라는 사실이 밝혀지고 있는 만큼, 더욱 큰 주목을 받고 있어요.

위협받는 생명과 인간의 삶

이처럼 기후변화는 과거와도, 현재와도, 그리고 미래와도관련이 깊은 주제예요. 오늘날 급격히 일어나고 있는 대기중 이산화탄소 농도 상승은 분명, 산업화 이후인 지난 250년 동안 우리 인류가 해 온 활동이 원인이에요. 그리고 지금 이 시간에도 더 많은 온실기체를 방출하면서 기후변화를 심각하게 만들고 있지요. 이런 추세가 계속된다면, 미래에는 우리가 미처 상상하지 못한 변화를 겪을 수도 있을 거예요. 우선, 많은 사람들이 상상하고 있는 이야기를 해 볼게요.

지구 기온이 산업화 이전에 비해 2도 높아지면 인류의 3

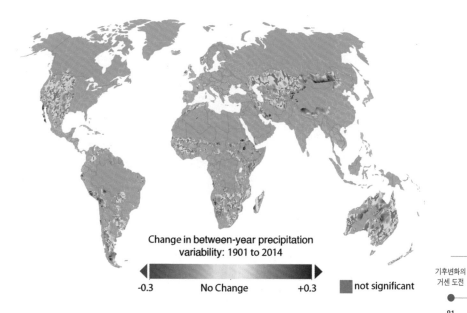

Change in between-year precipitation
variability: 1901 to 2014

-0.3　　　No Change　　　+0.3　　　　not significant

1901~2014년 사이 114년 동안의 전 세계 초원 지역의 강수량 데이터 ⓒhttps://phys.org

분의 1이 식수 부족을 겪는다고 과학자들은 말하고 있어
요. 생물종은 자그마치 30%가 멸종한다고 하죠. IPCC 5차
보고서에 따르면, 완화 정책을 아주 엄격하게도 아주 느슨
하게도 하지 않는 정도, 그러니까 중간 정도로 진행하더라
도 "담수성 연체동물, 소형 포유류 등이 잘 적응하지 못해
멸종하고, 생태계가 변화를 겪는다."고 예측하고 있어요.
2015년 11월 '사이언스'에 실린 연구 결과를 보면, 바다새
의 일종인 아메리카바다쇠오리의 개체 수는 해수 온도의

상승과 부화율 및 성체 생존률의 관계를 고려했을 때 2100년까지 11~45% 줄어들 것으로 예상되고 있죠.

학술지 '네이처 기후변화' 2018년 2월호는 1901~2014년 사이 114년 동안의 전 세계 초원 지역의 강수량 데이터를 이용해 연간 강수량의 변화가 어땠는지 연구했어요. 그 결과 전 세계 초원 지역의 절반인 49%에서 연간 강수량 변동이 증가했다는 사실을 알 수 있었어요. 매우 불규칙해졌다는 거지요(지도의 붉은색). 다른 지역과 비교해도 25% 정도 변동이 커서 특히 취약한 것을 발견할 수 있었죠. 변동이 줄어든 지역은 31%(푸른색)였어요. 연구팀은 "초지는 안 그래도 건조한데다가 토양이 빈약하기 때문에 곡물을 키우기에는 환경적으로 한계에 있는 곳이므로 약간의 강수량 변동만으로도 큰 피해가 나타날 수 있다"고 말했어요. 특히 초원 지역에 널리 발달한 가축 사육이 피해를 입었어요. 높은 강수량 변동을 보이는 곳은 가축 사육 밀도가 낮았어요.

해양생물 역시 용존산소 감소와 산성화 등으로 위험에 빠질 거라고 해요. 특히 산호초와 북극의 피해가 심각해지는 동시에 해수면 상승이 일어날 거라고 내다보고 있죠. 보고서는 산업화 이전에 비해 기온이 1~4도 사이에서 오르면 해수면이 7m 오를 것으로 예측하고 있어요. 그러면 남태평

지구온난화를 상징하는 물 부족 사태와 메마르고 갈라진 땅

양의 섬 국가들은 바다에 잠겨 사라질 거예요.

인간이라고 해서 위험을 피해갈 순 없어요. 무엇보다 식량 생산이 어려워지죠. 열대지방과 온대지방 모두 쌀, 밀, 옥수수 등 주요 곡물의 생산량이 줄어든다는 분석이 나와 있어요. 건조한 아열대 지역은 지하수가 고갈되면서 농사는 물론 살기조차 힘들어질 가능성이 높아요. 도시에서는 폭염과 폭우, 그에 따른 강의 범람과 산사태, 가뭄, 물 부족, 폭풍과 해일 등 목숨을 위협하는 재난 상황이 더 많이 일어날 것으로 예측되고 있어요.

그런데다가 기후변화는 어느 순간 지구의 모든 구성원이 온실기체 방출을 완전히 멈춰도 한동안 계속돼요. 온실기체가 사라지지는 않으니까요. 심지어 수백 년 동안 계속 꾸준히 상승할 가능성이 높아요. IPCC 보고서는 "수천수만 년이 넘어도 완전히 이전 상태로 돌아오지 못할 것"이라고 예측하고 있어요. 무서운 일이에요.

온실기체 방출을 줄이지 않고 늘어나는 추세를 유지할 경우는 어떨까요. 2015년 11월, 과학학술지 '사이언스'가 예측한 내용을 볼게요. 대기 중 이산화탄소 농도는 지금(약 400ppm)의 2배를 훨씬 넘어서 900ppm에 이르러요. 우선 지구의 기온이 최대 약 6도 오르지요. 이건 평균이고 지역별로 차이가 큰데요, 높은 곳은 8도 이상 올라가요. 특히 극지방의 온도가 극적으로 오르지요. 해수면은 평균 7m, 좀 더 극단적인 시나리오를 따른다면 거의 10m 올라가요. 남태평양의 바닷가가 문제가 아니라 육지의 해안가 지역 상당수가 바닷물에 잠기죠. 해안 경계선이 완전히 달라지겠죠. '사이언스'가 든 사례를 보면, 해수면 높이가 5m만 높아져도 미국 동부 해안 도시는 현재의 해안가에서 수십 km 이상 안쪽까지 물에 잠기게 돼요. 만약 온도가 4도 정도만 오른다 해도 2100년까지 해안가를 중심으로 이재민이 1억 8700만 명 발생하게 돼요.

우리나라의 기후변화 양상도 주목해야 해요. 한반도의 연평균 기온은 1912년부터 2011년까지 100년 동안 약 1.5도 높아졌어요. 세계 평균의 약 두 배에 조금 못 미칠 정도로 빠른 속도랍니다. 급격한 산업화와 에너지 사용량 증가 때문일 거예요. 우리나라 주변 해수면 온도도 1995년부터 2004년 사이 10년 동안 0.55도 높아졌어요. 해수면은 매년 0.1~0.6cm씩 높아졌지요. 그렇다면, 우리는 이제 어떻게 해야 할까요?

3. 세 가지 방법

수천 마리의 황제펭귄이 남극의 맹렬한 바람을 함께 맞으며 견디고 있어요.
이 장면을 보면 생명의 신비로움을 느낄 수 있지요.
함께 협력하는 마음, 난관을 극복하는 강인함이 생명에는 있지요.
하지만 그런 황제펭귄 역시 기후변화의 거센 도전에는 도리가 없나 봐요.
70%의 펭귄이 사라진 지금, 이들을 지킬 방법은 없을까요?

반가운 소식

2018년 3월 5일, 모처럼 반가운 소식이 들려왔어요. 남극 대륙과 그 근처의 섬, 그리고 남미 등 남반구의 대륙 일부에는 펭귄이 살지요. 그중 '아델리 펭귄'이라는 종의 거대한 군집을 새롭게 발견했다는 소식이었어요. 미국 스토니브룩대와 매사추세츠공대(MIT), 프랑스 국가과학연구센터 등의 공동연구팀은 남극 대륙에서 마치 코뿔소의 뿔처럼 튀어나와 있는 반도 끝자락에 위치한 데인저 섬을 다양한 원격 탐사 기술로 연구한 끝에 이 같은 결론을 내리고 학술지 '사이언티픽 리포트'에 발표했어요.

연구팀은, 처음에는 위성을 이용해 남극의 섬들을 관찰

했어요. 그런데 일부 섬에서 동물이 만든 '똥(구아노)'을 의미하는 신호를 대량으로 발견했어요. 남극에 그 정도의 똥을 만들 정도면 거대한 펭귄 무리가 살아야 하는데, 그 섬은 아직 펭귄이 산다는 보고가 없었죠. 직접 탐사를 해보면 가장 좋겠지만, 예나 지금이나 남극 탐사는 쉽지 않은 일이에요. 연구팀은 최신 방법을 이용하기로 했어요. 바로 드론이죠. 드론을 띄워서 펭귄이 살 것으로 추정되는 섬들을 촬영한 뒤, 촬영된 영상 속 펭귄의 개체수를 확인하는 방법으로 새로운 군집을 확인했답니다. 그랬더니 아델리 펭귄이 무려 150만 마리나 그곳에 살고 있었대요. 늘 개체수가 줄어들거나 멸종위기에 놓인 동물 이야기만 듣다가, 모처럼 기분이 좋아지고 입가에 웃음이 번지는 순간이었지요.

하지만 모든 펭귄이 그런 행운의 주인공은 아니에요. 가장 유명한 펭귄, 남극을 대표하는 펭귄 계의 외교관, 황제펭귄만 해도 그래요.

수천 마리의 황제펭귄이 남극의 맹렬한 바람을 함께 맞으며 견디고 있어요. 허허벌판인 빙하 위에서 이 바람을 피할 곳은 없습니다. 동으로 가나 서로 가나 바람이 잦아들기 전까지 이 큰 식구들이 아늑하게 쉴 곳은 없다는 걸 펭귄들은 압니다. 그래서 바람 신의 분노로 가득한 질주가 잦아들

바다 위 유빙 사이에서 점프하는 아델리 펭귄

때까지, 그저 묵묵히 견디는 수밖에 도리가 없습니다.

다행히 펭귄의 몸은 이런 극단적인 고통을 견뎌내는 데 유리해요. 두툼한 지방으로 덮인 몸은 체온을 유지시켜 주고, 두 발로 서서 몸을 밀착시키면 바람을 비껴 보낼 수 있습니다. 짧은 다리 사이에는 어린 개체들을 숨길 수 있어요. 그렇게, 서로 앞에서 바람을 막아주고 뒤에서 교대해 줘 가며 고통의 시간을 지나 보냅니다. 아무리 거센 남극의 바람이라도 끝나는 시간은 있기 마련이거든요!

이 장면을 보고 있자면 생명의 신비로움을 느낄 수 있어

요. 함께 협력하는 마음, 난관을 극복하는 강인함이 생명에
는 있지요. 하지만 그런 황제펭귄에게 추위와 맹렬한 바람
은 차라리 견디기 쉬운 일이었을 거예요. 펭귄의 조상, 그러
니까 할머니의 할머니의 할머니의 할머니…… 이렇게 거슬
러 올라가는 먼 조상 때부터, 펭귄은 이 추운 기후에 적응해
살아남았으니까 어찌 보면 당연하지요. 그러므로 이들 펭
귄이 더 두려워하는 것은 다른 일일 거예요. 오히려 따뜻해
지는 것. 삶의 터전인 두터운 빙하가 얇아지고 좁아지며, 해
안의 빙하가 싹둑 잘려 물에 떠내려가고 바다의 유빙이 잘
게 녹아 어느덧 바닷물과 하나가 돼버리는 것. 맹렬한 비바
람이 사라지고 온화한 기후가 줄곧 유지되는 것. 바로 기후
변화예요. 강인한 황제펭귄은, 이미 지금까지의 기후변화
가 보내오는 거센 도전에 도리가 없나 봅니다. 70%의 펭귄
이 오직 기후변화 때문에 사라졌다는 보고가 있을 정도니
까요. 지금이라도 이들을 지킬 방법은 없을까요?

기후변화가 지구에 미치는 영향이 크고 또 생태계 구성
원들인 생명에 미치는 영향이 크다면, 그리고 그 피해를 결
국 우리 인류가 고스란히 지게 된다면, 기후변화와 그에 의
한 피해를 막으려는 특별한 노력이 필요할 수밖에 없어요.

새끼와 함께 있는 황제펭귄

여기에는 크게 세 가지 방법이 있어요. 우선 이산화탄소 등 온실기체의 사용을 줄여 기후변화 자체를 늦추고 막으려는 방법이에요. 가장 근본적으로 기후변화를 줄이고 막을 수 있는 이 방법을 기후변화 '완화'라고 하지요. 다른 방법은, 기후변화 때문에 일어날 피해를 줄일 수 있도록 대비를 하는 방법이에요. 기후변화 '적응'이라고 해요. 마지막 방법은 완화의 또 다른 버전으로, 좀 더 공학적인 방법을 써서 기후변화의 원인이 되는 온실기체의 피해를 줄이는 거예요. 이것을 '기후공학'이라고 하지요.

기후변화 완화 정책

기후변화 완화 정책의 가장 중요한 행동 전략은 대표적인 온실기체인 이산화탄소 발생량을 감축하는 거예요. 이를 위해 화석연료 사용을 당장 줄이는 방법이 첫 번째로 꼽혀요. 즉 에너지 사용량을 줄이거나, 화석연료를 사용하지 않는 다른 방식으로 바꿔야 한다는 뜻이지요. 그밖에 대기 중의 이산화탄소를 흡수할 수 있도록 나무를 심는 방법도 있어요. 그러면 대기 중의 이산화탄소가 식물의 광합성에 의한 탄소동화작용으로 생물 내에 저장돼요.

국제연합 기후변화협약(UNFCCC)

기후변화 완화와 적응 정책을 성공시키기 위해서는 무엇보다 협력이 중요해요. IPCC 5차 보고서에는 이런 대목이 나와요.

"적응 및 완화 대응의 효율성을 높이기 위해서는 세계, 지역, 국가 등 다양한 수준에 걸쳐 관련 정책 및 대책이 뒷받침돼야 한다.""완화의 효율성을 높이기 위해서는 국제적 협력이 필수적이며, 이를 통해 지역적인 부수적 이익 또한 가져올 수 있다.""적응은 지역이나 국가 수준에서 이행되지만, 국제적 협력을 포함한 모든 수준의 거버넌스에 걸친 조정을 통해 적응 효율을 높일 수 있다."

이 말은 곧 기후변화에서 살아남기 위해서는 공동의 대응이 무엇보다 중요하다는 뜻이에요. 이때 공동 대응은 서로 다른 국가들 사이에서도 해야 하고, 지역과 지역 사이, 그리고 도시 등 지방정부 사이에서도 활발하게 이뤄져야 해요. 이렇게 서로 다른 도시, 지역, 국가 사이의 협력을 높이기 위해 여러 가지 논의가 있어 왔고 지금도 계속되고 있어요.

먼저, '국제연합 기후변화협약(UNFCCC)'이 있어요. 기후변

1992년 브라질에서 열린 리우데자네이루 협약 ©https://www.planete-energies.com

화를 국제적 협력의 관점에서 다루는 대표적인 국제협약이
지요. 1992년 브라질 리우데자네이루에서 열린 유엔환경개
발회의에서 합의한 내용으로, 주로 선진국들이 이산화탄소
등의 온실기체 배출을 줄이고 기후변화 완화를 위해 노력
하자는 내용을 담고 있어요. 여기에는 세계 거의 모든 나라
가 함께 하고 있지요. 조금 더 구체적으로 그 목표를 살펴볼
까요?

　2010년 가입 당사국들은 지구의 온도를 산업화 이전인
대략 1750년대보다 2도 이상 높아지지 않도록 하자고 합의
했어요. 이미 산업화 이후 올라간 지구 평균 기온이 약 0.85

도에 이르므로, 실제로는 추가로 1도 남짓만 올라가도 지구는 위험해질 수 있다는 뜻입니다.

지난 2015년에는 '산업화 이전보다 1.5도 이상 높아지지 않게'로 더 엄격하게 바뀌었어요. 하지만 이 목표에 합의했다고 해서 바로 지키는 것은 아니에요. 함께 노력하자는 일종의 약속일 뿐 이산화탄소 배출을 어떻게 줄일 것인지, 줄이지 않을 경우 어떻게 될 것인지 등의 내용은 구체적으로 나와 있지 않거든요.

그래서 이걸 조금 더 강제로 지키게 하는 방법으로 '교토의정서'가 새로 만들어졌어요. 국제연합 기후변화협약이 만들어진 뒤, 협약에 참여한 나라는 1995년 이후 매년 당사국총회라는 회의를 열어 기후변화의 현황과 온실기체 감축을 위한 노력과 기술 등을 함께 공유해 왔어요. 그 3차 당사국총회가 1997년 12월 일본 교토에서 열렸는데, 여기에서 기후변화협약의 목표를 이루기 위한 구체적인 방법을 제시한 구체적인 문서인 의정서를 만들었어요. 그래서 교토의정서라고 부르지요. 교토의정서는 나라별로 인준을 통해 참여하게 되는데, 참여한 나라는 이산화탄소와 육불화황, 메탄, 아산화질소, 과불화탄소, 수소불화탄소 등 6종류의 온실기체 배출을 반드시 줄여야 한다는 데 합의하게 돼요.

나라별로 줄여야 하는 온실기체의 양은 그동안 얼마나 배출해 왔는지, 지금은 얼마나 배출하는지 등을 종합적으로 고려해 정해지는데, 만약 정해진 시간에 그 양을 줄이지 못할 경우 일종의 불이익이 가해지게 되는 강제력이 있는 체제지요.

교토의정서는 2005년 2월 그 효력이 시작됐어요. 현재 192개 나라가 참여하고 있지요. 교토의정서는 두 단계로 나뉘어요. 첫 번째 단계는 그동안 산업화를 명목으로 이산화탄소를 마구 배출해 왔던 선진국 38개 나라에게, 2008~2012년 사이에 온실기체 배출량을 1990년에 비해 5.2% 줄이게 했지요. 만약 이 목표를 준수하지 못하면, 그 나라는 무역을 통해 제재를 하게 했어요.

교토의정서가 이렇게 일부 국가에게 먼저 의무를 준 것은, 지금 전 세계 사람들이 겪고 있는 기후변화를 일으킨 게 전 세계 모든 사람이 아니었기 때문이에요. 산업혁명 이후 최근까지 지구의 기온이 0.85도 올랐을 때 거기에 우리나라 조선시대 사람들의 영향은 얼마나 컸을까요? 당시엔 공장도 하나도 없었는데 말이에요. 아프리카 사람들은요? 북극의 이누이트 사람들은요? 이런 사람들에게 이미 일어난 기후변화의 책임을 묻는 것은 공평하지 못하지요. 그래서

교토의정서가 체결된 1997년 제3차 국제연합 기후변화협약 당사국총회 ⓒhttp://research.un.org

과거에 이산화탄소를 많이 배출한 나라에게 먼저 이산화탄소 배출을 줄이도록 한 것은 꽤 공평해 보여요. 게다가 많은 과학자들이 연구한 결과, 어떤 나라가 과거에 이산화탄소를 얼마만큼 배출해 왔는지, 그래서 기후변화에 얼마나 영향을 끼쳤는지도 알 수 있었어요. 당연히 주로 선진국들이었고요, 그 나라들 위주로 의무 배출 감축 국가를 선정할 수 있었지요.

그런데 문제가 아주 간단하지는 않아요. 비록 과거에는 이산화탄소를 많이 배출하지 않았고 그래서 기후변화에 대한 책임이 없는 나라지만, 현재는 아주 많이 배출해서 미래의 기후변화에 영향을 미칠 나라도 있거든요. 그런 나라가 흔하지는 않지만, 꽤 돼요. 뒤늦게 산업화를 한 나라들이지요. 그리고 그중 일부는 이산화탄소 배출량이 무시 못 할 정도로 많아요. 우리나라가 대표적이에요. 우리나라는 2014년 온실기체 배출량이 세계 7위에 이르러요. 온실기체 배출량은 교토의정서가 시작될 무렵인 2008년 기준으로 1990년 대비 1.18배 증가해 증가율이 세계 1위에 이르렀어요. 과거에 아무리 적게 배출했다고 해도 다른 나라의 눈치를 보지 않을 수 없지요. 중국도 마찬가지예요. '세계의 공장'이라는 별명에 걸맞게 최근 배출량이 세계 1위를 달리는데,

예전에는 그렇게 많이 배출하지 않았지요.

그래서 교토의정서는 배출 감축 의무 대상 국가들을 세심하게 선정했어요. 먼저 선정한 38개 나라는 첫 단계부터 제한을 하도록 했고요, 우리나라와 중국 등 지금은 많이 배출하지만 전엔 배출하지 않았던 나라에는 곧바로 감축 의무를 주지 않았어요. 과거나 지금이나 온실기체 발생이 적은 나라도 마찬가지지요. 그리고 첫 번째로 의무를 진 38개 나라 사이에서도 기후변화에 기여한 정도를 세심하게 조사한 뒤 서로 다른 목표를 준수하게 했어요. 경우에 따라서는 온실기체 배출을 1990년 기준으로 조금 늘려도 되는 나라도 있었어요. 호주와 아이슬란드처럼 청정국가였죠. 물론 늘려도 된다고 해서 원래 배출하던 것보다 많이 배출하라는 뜻은 아니었어요. 배출 가능한 기준이 다른 나라들처럼 과거보다 낮아지는 게 아니라, 약간 높아진다는 게 다를 뿐 여전히 제한이 있는 거거든요.

교토의정서는, 지구에 사는 모든 사람에게 영향이 가는 기후변화 문제에 대해 전 세계가 똘똘 뭉쳐 협력한 중요 사례였어요. 아주 멋지고 훌륭한 일임에 틀림없죠. 하지만 문제가 있었어요. 세밀하게 준비되고 조절된 계획이 있었지만, 각 나라의 사정은 또 달랐어요. 우선 교토의정서가 만들어지고 처음 발효되는 단계에 있던 2000년대 초반, 당시 세계에서 가장 많은 온실기체를 만들어내던 미국이 "우리나라의 이익에 아무런 도움이 되지 않는다. 우리는 의무를 지키지 못하겠다."라며 불쑥 논의에서 빠져 버렸어요. 교토의정서는 참여하는 나라 중 선진국들의 온실기체 배출량이 전 세계 배출량의 55%를 넘을 경우에 효력을 낼 수 있는데, 비중이 가장 큰 미국이 빠져서 처음부터 삐걱거렸죠. 다행히 캐나다와 러시아 등 나머지 배출국들이 참여하기로 결정하면서 간신히 55%를 넘겼고, 무사히 시작될 수 있었어요.

그 뒤 첫 번째 단계인 2008~2012년까지는 별 무리 없이 진행되는 듯했어요. 목표 달성을 위해 열심히 노력한 나라들이 많았어요. 그렇지 않으면 다음 단계인 2단계에서 원래 목표보다 1.3배 더 줄여야 하는 가혹한 벌칙도 있었으니까요. 법적인 구속력이 있었다는 의미지요. 그러던 중 캐나다가 "미국이라는 큰 나라가 참여하지 않는 것은 작지 않은 문제"라며 탈퇴를 하기에 이르렀어요. 2005년 발효된 이후 첫 탈퇴였죠. 그 뒤 캐나다는 지금까지도 참여하지 않고 있어요.

교토의정서 두 번째 단계

교토의정서는 2012년 원래의 계획 기간이 끝났어요. 하지만 이미 몇 년 전부터 '5년의 기간으로는 부족하다'는 공감대가 형성돼 있었죠. 그래서 당사국총회 때 꾸준히 교토의정서 기간을 연장하자는 의견이 이야기됐어요. 온실기체 감축 규제를 받는 선진국과 개발도상국 사이의 입장이 여전히 첨예하게 대립하고 있었기 때문이죠. 그리고 결국, 마지막 해인 2012년 카타르 도하에서 열린 제18차 당사국총회에서 의정서의 효력을 2020년까지로 연장하기로 합의했어요.

전 세계 194개국이 참여한 이 회의에서는 2013년부터 2020년까지를 교토의정서 2차 공약 기간으로 정하고 계속해서 대기 중 온실기체의 양을 줄이기로 합의했어요. 또 2015년까지 교토의정서 이후의 계획을 세우기로 뜻을 모았어요. 하지만 이번에도 문제가 있었어요. 1차 때 참여했던 국가 가운데 캐나다(철회), 일본, 러시아, 벨라루스, 우크라이나, 뉴질랜드 등 일부가 이탈하면서, 그리고 당시 세계 최고의 배출국이 된 중국이 여전히 개발도상국으로서 감축 의무를 갖지 않으면서, 전 세계 배출량의 15% 정도하고만

검은 연기를 내뿜고 있는 화학 공장

관계가 있는 소수의 나라만 참여하게 된 거예요. 지구 전체의 기후 문제를 풀어가기에는 힘이 많이 약해져 버린 것이지요. 게다가 법적인 구속력이 있었던 첫 번째 단계와는 달리, 두 번째 공약 기간은 정부 차원의 약속으로 구속력이 없었어요.

교토의정서 이후, 파리기후변화협약

교토의정서 2차 공약 기간이 끝나 가면서 이제 관심은 2020년 교토의정서 이후로 넘어갔어요. 교토의정서가 역사적으로 온실기체 배출량이 많았던 선진국들의 의무에 특히 집중했기 때문에, 최근 들어 온실기체 배출에 책임이 있는 중국이나 한국 등 개발도상국도 동참하기 위해서는 교토의정서 이후의 체제가 중요해졌어요.

그런 논의가 구체적으로 나온 것이 2015년 프랑스 파리에서 열린 제21차 당사국총회였는데, 이곳에서 파리협약이 이뤄졌어요. 참석한 196개 나라가 합의했고, 이 가운데 55개국 이상이 인준하고 이들이 배출하는 온실기체의 양이 전 세계 배출량의 55% 이상을 차지하면 효력을 발휘하게 됐어요.

파리협약에서, 유엔기후변화협약의 목표는 좀 더 엄격해 졌어요. 기존 교토의정서에서는 1990년의 온도에 비해 2도 이하로 따뜻해지는 게 목표였지만, 이제는 1.5도 이하만 높아지도록 노력을 한다는 합의가 있었어요. 사실 굉장히 달성하기 어려운, 높은 목표임에 틀림없어요. 그만큼 최근의 기후변화가 절박한 상황에 이르렀다는 반증이겠죠.

파리협약은 선진국 외에 개발도상국도 참여해야 해요. 개발도상국과 선진국 중간에 위치하는 한국 역시 이때부터는 참여해야만 하지요. 그러나 파리협약 또한 국가들에게 '반드시 지켜야 한다'는 의무는 부여하지 않고 있어요. 꼭 지켜야 한다고 약속은 하지만, 강제성이 없기 때문에 행여 지키지 않더라도 불이익을 당하지는 않아요. 다만 국제사회의 일원으로서 참여하기를 서로 호소하고 있고, 한국 역시 참여를 하기로 했죠(워낙 온실기체를 많이 배출하고 있어서 피할 수 없기도 해요). 2015년, 한국은 아무 조치를 취하지 않을 경우 2030년에 배출할 것으로 예상되는 온실기체의 양(이것을 배출 전망, BAU라고 해요)을 기준으로 37% 줄이겠다고 결정하고 이 계획을 발표했어요.

숫자만 언뜻 보면 아주 굉장한 목표로 보여요. 예상되는 배출량의 3분의 1 이상을 줄이겠다는 의견이잖아요. 예를

파리협약이 체결된 2015년 제21차 국제연합 기후변화협약 당사국총회 ⓒhttps://www.euractiv.com

들어 용돈을 3분의 1 줄인다고 생각해 보세요. 꽤 당황스럽죠? 세 번 먹던 식사를 한 끼 없앤다고 생각해 보세요. 적지 않은 고통이 있을 거예요. 하루 24시간 틀던 난방이나 냉방을 하루 16시간만 튼다고도 생각해 보죠. 예전처럼 종일 따뜻하거나 시원할 수 없다면 섭섭할 거예요. 3분의 1 감축은 이렇게 생각보다 쉽지 않은 일이에요. 그리고 보면 꽤 열심히 온실기체 감축을 위해 노력하는 것처럼 보여요.

하지만 꼭 그렇지는 않아요. 여기에도 통계의 마법 내지는 눈속임이 약간 포함돼 있거든요. 미래에 사용할 것으로 예상되는 사용량을 정한 뒤에 거기에서 다시 감축을 한다는 거잖아요. 미래에 아주 많이 사용할 것이라고 가정한 뒤에 감축 목표를 정하면 어떨까요? 실제로는 감축이 별로 이뤄지지 않거나, 경우에 따라 현재에 비해 방출량이 오히려 늘어날 수도 있어요. 사실 이런 일은 그리 낯선 일이 아니에요. 도로를 건설하기 위해 교통 수요량을 예측하는 경우가 있어요. "10년 뒤에 현재 도로의 자동차 통행량이 2배 늘어날 예정이므로 도로를 2배 늘려야 한다."는 결론이 나오면 도로 건설의 정당성이 생겨요. 그런데 그 2배 늘어나는 예측에 대해서는 모두가 동의하지 않을 수 있어요. 인구가 2배로 늘지 않을 수도 있고, 자동차 이용 패턴이 변할 수도

대표적인 온실기체인 이산화탄소 배출을 상징하는 이미지

있죠. 무엇보다, 끊임없이 통행량이 늘어나는 게 바람직하지 않다는 사회적 합의가 있을 수도 있어요.

기후변화가 그와 비슷해요. 국제적으로 온실기체 배출량을 줄이는 게 좋다는 합의는 이뤄졌는데, 그럼에도 불구하고 배출량 자체는 지속적으로 늘 것이라고 가정한 뒤에, 그 늘어난 양을 기준으로 다시 감축을 정하면 결과적으로 굉장히 소극적인 감축안만 만들어질 수 있지요.

반면, 교토의정서 때부터 이미 온실기체를 줄여 온 유럽 국가들은 보통 과거 어느 해의 이산화탄소량을 기준으로 감축량을 발표해요. 예를 들어 스위스는 1990년도 배출량 대비 50%를 줄이겠다는 식이지요. 이미 객관적인 자료로 밝혀져 있는 배출량을 기준으로, 그것도 많이 배출하고 있는 최근이 아니라 지금보다 적게 배출하고 있는 과거를 기준으로 배출량을 줄이기 때문에 정말 엄격하게 줄인다는 의미예요. 우리나라 등이 쓰는 BAU 기준은 과거가 아니라 반대로 미래를 기준으로 하죠. 그러니까 지금보다 오히려 더 많은 배출량을 정한 뒤에 거기에서 일부를 줄이는 식이에요. BAU를 얼마로 정하느냐에 따라 실은 고무줄처럼 배출 감축량이 늘고 줄기 때문에 덜 엄격한 계획으로 보고 있어요. 이 방식은 우리나라 외에 여러 개발도상국들이 사용하고 있는데, 한국은 개발도상국과 선진국 사이에 있기 때문에 약간 더 엄격한 기준을 쓰는 게 좋지 않았는가 하는 비판이 있었어요.

더구나 목표로 제시한 37% 중 실제 감축량은 25% 정도예요. 나머지는 탄소시장을 통해 감축하는 게 목표예요. 탄소시장은 쉽게 말하면, 제한된 양보다 온실기체를 적게 배출한 나라가 남은 온실기체 배출 권리를 다른 나라에 팔 수 있게 한 제도예요. 계획된 기준량보다 많이 배출할 것 같은 나라는 이런 나라에 돈을 주고 권리를 사서 좀 더 많이 배출하게 되지요. 이런 탄소시장을 이용해 목표를 채우겠다는 것은 전체 배출량을 줄이는 것보다는 훨씬 쉬운, 덜 엄격한 계획이에요. 세계 전체의 계획보다 많이 배출하게 되는 건 아니지만, 어쨌든 배출량 자체를 줄이는 것은 아니라는 점에서 약간 아쉬운 부분이긴 해요.

"1.5도가 중환자실에 들어갔다!"

2021년 8월 9일, IPCC 6차 보고서가 발표됐습니다. 보고서에 따르면, 2011년부터 2020년 사이에 지구 표면 온도는 1850~1900년 평균보다 1.09도 상승했습니다. 이는 이전 5차 보고서에서 관측됐던 2003~2012년까지의 상승 폭인 0.78도를 훌쩍 넘어서는 수치입니다. 이산화탄소 농도는 410ppm까지 높아졌습니다. 지구 기온 상승 폭을 산업화 이전 대비 1.5도 이내로 막아내지 못하면 모든 육상 생태계 다양성은 14%, 열대 산호초는 최대 90%가 사라진다고 전망하고 있습니다. 195개 나라가 온난화 완화를 위해 파리기후변화협약을 채택, 각국이 온실가스 배출 감축 목표를 자발적으로 정해 실천하기로 했지만 아직까지 큰 효과를 내지는 못한 것입니다. 세계기상기구(WMO)가 공개한 '2022년 글로벌 기후 보고서' 초안에 따르면, 올해 기온

안토니우 구테흐스(Antonio Guterres) 제9대 유엔 사무총장

은 산업화 직전과 비교해 1.15도 높을 것으로 예상하고 있습니다. 이러한 추세라면 파리협약 목표치는 이미 달성하기 힘들다고 봐야 합니다.

안토니우 구테흐스 유엔 사무총장은 이런 현실을 두고 "1.5도가 중환자실에 들어갔다"고 말했습니다. 파리협약 이행을 점검하기 위해 2022년 11월 이집트에서 열린 제27차 유엔기후변화협약 당사국총회(COP27)에서도 "기후변화가 초래한 오늘의 기후위기 상황이 돌이킬 수 없는 상태로 가고 있다"며 "지옥행 고속도로에서 가속 페달을 밟고 있

는 것 같다"고 경고했습니다. '1.5도'는 지속 가능한 지구 생태계를 위해 반드시 지켜내야 할 한계 수치입니다. 기온 이 그 이상 오르면 연쇄 상승 작용을 일으켜 지구온난화는 걷잡을 수 없는 상황으로 내몰리게 됩니다.

IPCC 6차 보고서는 가장 낙관적인 예측조차도 지구 기온 상승을 피할 수 없다는 사실을 강조하면서 앞으로 어떻게 될 것인지 다섯 가지 시나리오로 설명하고 있습니다. 가장 낙관적인 첫 번째 시나리오는 인류의 탄소 감축 노력으로 탄소 배출이 제로가 되는 탄소 중립을 2050년에 달성하는 것으로 되어 있습니다. 하지만 그렇더라도 21세기 말인 2081에서 2100년쯤 지구 기온은 산업화 이전보다 1에서 1.8도 오르는 것으로 나와 있습니다. 두 번째 시나리오부터는 탄소 배출 감축 없이 현 상태가 유지되거나 화석 연료를 더 많이 쓰는 상황인데, 탄소 배출이 가장 많은 다섯 번째 시나리오일 때 21세기 말 지구 기온은 산업화 이전 대비 3.3~5.7도까지 오르는 매우 비관적인 결과를 내놓고 있습니다. 그렇게 되면 우리가 알고 있는 땅과 바다의 동식물 약 절반을 볼 수 없게 된다는 이야기입니다.

오늘의 지구는 의심의 여지 없이 기후 비상사태입니다. 이번 IPCC 6차 보고서는 "지난 10년간 관측한 극도로 높은 고온은 인간의 영향이 아니고는 발생하기 어렵다"는 점을 분명히 하고 있습니다. 우리가 혁신적인 탄소 중립을 실현하지 않으면 지구 온도는 계속해서 상승할 것이며 탄소 배출 저감에 성공한다 하더라도 이상 기후나, 해수면 상승, 빙하 유실을 온전히 막을 수는 없다는 암울한 미래를 보여 주고 있습니다. 하지만 기회의 시간이 전보다 빨리 사라지고 있을 뿐 아직 늦지 않았습니다. 전 세계가 힘을 모아 지구 평균 기온 상승을 1.5도 아래로 유지하면서 2050년까지 탄소 배출 제로 목표를 달성해야만 합니다. 2001년에 발표된 IPCC 3차 보고서의 경고대로 행동했더라면 인류는 전년 대비 4% 정도만 탄소 배출량을 줄이면 됐습니다만, 이제는 매년 15% 넘게 줄여야 목표를 이룰 수 있게 됐습니다. 8년 뒤 발표될 IPCC 7차 보고서에는 어떤 내용이 담길까요.

생명을 살리는 적응 정책

기후변화의 피해를 막는 완화 정책은 정말 중요해요. 온실기체의 영향으로 오늘날의 기후변화가 시작된 만큼 온실기체 자체를 줄여 나가지 않으면 기후변화가 궁극적으로 해결되지 않을 테니까요. 하지만 완화 정책만으로 문제를 다 해결할 수 없다는 게 과학자와 국제문제 전문가들의 설명이에요. 왜 그럴까요.

인류가 인공적으로 만든 이산화탄소가 대기 중에 섞인 역사는 아마 인류가 요리를 하기 시작한 이후부터일 거예요. 수백만 년 전부터로, 무척이나 오래된 일이지요. 특히 지구 기후에 본격적으로 심각한 영향을 끼친 것은 산업화 이후로 250년 전부터예요. 즉 인류가 만든 온실기체가 이미 최소 250년 이상 대기 중에 쌓일 만큼 쌓여 있다는 얘기지요. 더구나 한 해도 빠지지 않고 온실기체 배출량은 늘어만 갔어요. 산업 발전에는 더 많은 에너지가 필요하고, 사람들의 생활 패턴 역시 에너지를 많이 사용하는 쪽으로 점점 변해왔기 때문에 어쩔 수 없는 일이지요.

따라서 기후변화협약에 의해서 여러 나라들이 온실기체 발생량을 즉시 줄여나간다 해도, 당분간은 기존에 쌓여 있던 온실기체와 새로 발생하는 온실기체의 영향이 누적돼 나타날 수밖에 없는 상황이에요. 그래서 IPCC 6차 보고서 또한 즉시 온실기체 발생을 중지한다고 해도 그 영향이 수천수만 년 이상 남을 거라고 예측하고 있어요.

상황이 이렇다 보니, 단지 기후변화의 원인을 줄이거나

없애는 것만으로는 피해를 줄일 수 없다는 사실이 분명해졌죠. 당분간은 기후변화와 그 피해가 이어질 거라고 보고, 거기에 대한 대응책을 마련하는 것이 중요한 이유랍니다. 이렇게 이미 일어나고 있는, 그리고 앞으로도 이어질 기후변화에 적절히 대응하는 전략을 '적응 전략'이라고 해요. 생태계는 물론 우리가 입을지 모를 피해를 막기 위해서는 적응 정책을 잘 세우는 게 무척 중요하죠.

적응 정책에서 중요한 것은 지역과 상황을 고려해야 한다는 거예요. 지역의 특성, 전통지식 등을 잘 파악하고 반영해야 해요. 그래야 지역 사람들의 지지를 이끌 수 있으니까요. 예를 들어 볼까요? 2017년 남아시아 대홍수로 국토의 3분의 1 가까이가 물에 잠긴 방글라데시는 피해가 집중된 농촌 지역의 적응을 연구 중이에요. 홍수가 나면 가장 큰 어려움은 물이 오염된다는 점이에요. 사방이 물에 잠기며 우물 등 안전한 식수에서 물을 얻기가 힘들어지고, 대부분의 홍수가 집중되는 여름철에는 무더위로 콜레라 등 물을 매개로 병원체가 감염되는 감염병이 돌기도 쉽죠. 안전한 식수가 없고 감염병마저 시작되면 피해가 걷잡을 수 없이 확산될 수 있어요.

그렇다면 어떻게 해결할 수 있을까요? 아티크 라만 방글라데시 고등과학원 부의장은 2017년 9월 11일 서울을 찾아 기발한 해결책을 이야기했어요. 높은 곳에 우물을 만들어 두고 긴 튜브를 연결해 홍수 때도 오염되지 않도록 만들어 안전하게 마실 수 있게 만들었다는 거예요. 특별한 첨단 기술이 아니라서 단순해 보일지 모르지만, 전 국토의 3분의 1이 물에 잠겨 있는 상황에서 어디로 가야 맑은 물을 마실 수 있을지 모르는 상황을 생각하면 정말 귀한 적응 정책이라는 사실을 알 수 있지요.

뿐만 아니라 물에 뜨는 농지도 만들어졌어요. 홍수가 나서 농작물이 다 휩쓸려 떠내려가는 일이 반복되자, 농촌에서는 대나무로 틀을 만들어 그 위에 농작물을 키우기 시작했어요. 홍수가 나면 틀 자체가 물에 뜨면서 농작물을 띄우는 것이지요. 글렌 파라소 필리핀 기후변화회의 국가전문가패널은 정보의 중요성을 이야기하기도 했어요. 그는 "매년 20건 이상의 태풍이 찾아오는 필리핀 역시 농어촌 관리가 중요하다."며 "위험 정보를 빠르게 제공하기 위한 통합 시스템을 구축하고 있다."고 말했어요.

만약 우리나라 동해안이 바닷가라서 기후변화에 따른 폭풍우 위험이 높아질 것으로 예상된다고 가정해 봐요. 외국에서 성공했던 사례를 들어서 맹그로브 나무를 심으라고

맹그로브 나무

한다면 맞을까요? 맹그로브는 열대나 아열대 지역 해안의 염분이 많고 파도가 잔잔한 지역에 많이 자라는 나무예요. 아프리카나 인도, 호주, 동남아시아나 남태평양 여러 지역에 살고 있어요. 맹그로브 나무는 기묘한 모습을 하고 있어요. 밀물 때는 나무 아래 부분이 바닷물에 잠기는데, 그 모습만 보면 평범한 나무가 물에 잠긴 것 같아요. 하지만 썰물 때가 되어 뿌리 부분이 드러나면 특이한 모습을 볼 수 있지요. 마치 허공에 뿌리가 떠 있는 모습으로 서 있거든요. 호흡뿌리라고 불리는, 땅 밖에 나와 있는 뿌리가 있어서예요. 맹그로브는 숲을 이루며 빼곡하게 자라고, 바닷물과 민물이 만나며 일대에 진흙뻘을 형성해 수많은 이끼류와 동식물의 터전이 되는 곳이에요. 식물은 수십 종에서 100여 종 가까이 맹그로브 숲과 함께 번성하고 있고, 망둥어 종류나 장어 종류, 홍수바지락 등의 조개, 그리고 맹그로브 게 등 갖가지 갑각류가 번성하고 있어요. 맹그로브 숲은 열대 및 아열대 해안 생태계의 핵심으로 불리고 있어요.

더구나 맹그로브 나무는 수염같이 생긴 강인한 뿌리가 복잡한 3차원 구조를 이루고 있어요. 이 구조가 물에 잠기기도 하고 물 밖으로 드러나기도 하면서 얽힌 덕에, 강한 바람이나 태풍이 불어와도 맹그로브 숲 안과 육지 쪽의 피해

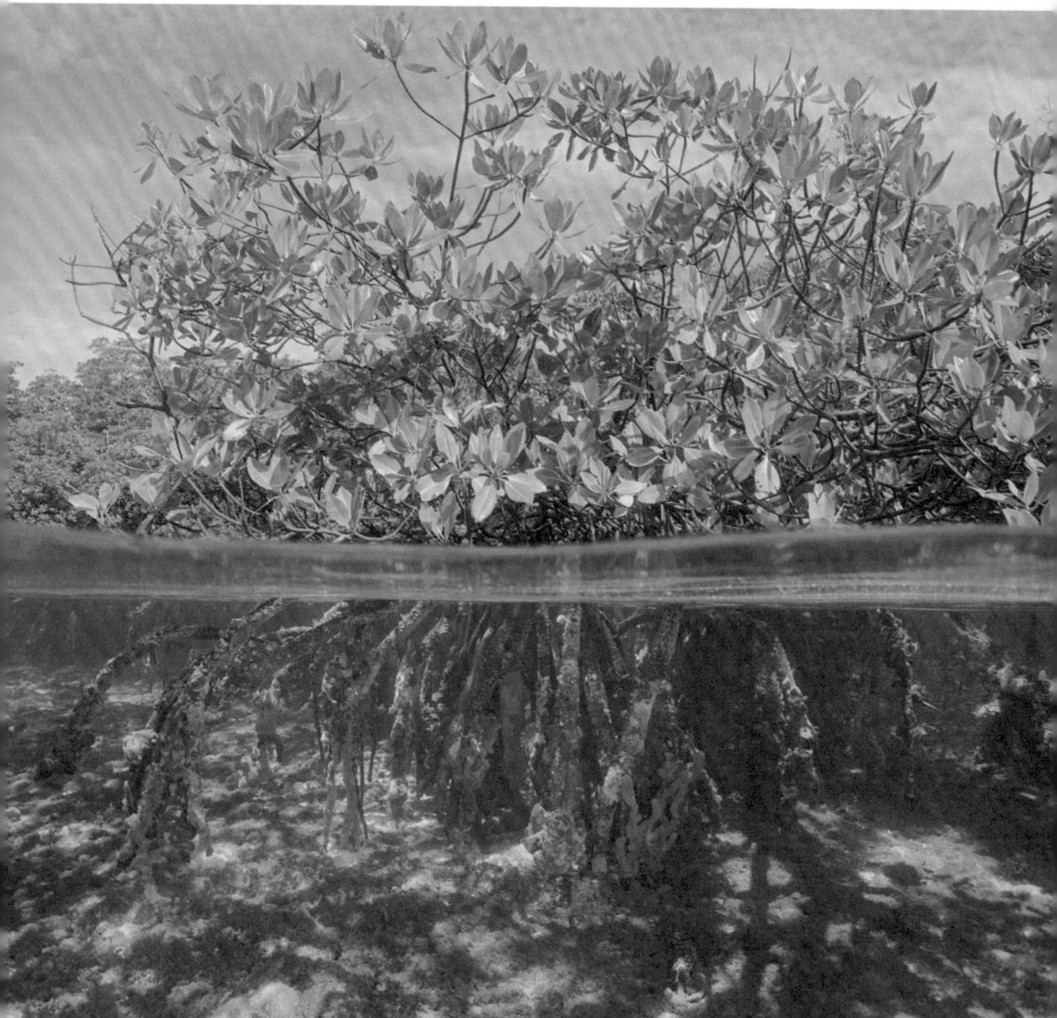

수면 위아래를 같이 보여주고 있는 맹그로브 나무 이미지.
물 위의 나뭇잎과 줄기, 물 아래의 뿌리가 잘 드러나 보인다.

가 크게 줄어든다는 장점이 있지요. 마치 방파제처럼 해안의 바닷물 침범을 안전하게 막아 주거든요. 안에 사는 동식물을 보호하는 것은 물론, 육지에 사는 사람들의 마을도 보호하는 장점이 있어요. 그래서 맹그로브 숲을 흔히 홍수림이라고 불러요. 맹그로브 숲은 전 세계 해안 지역 면적의 겨우 0.5%를 차지하고 있지만, 해안에 퇴적되는 탄소의 10~15%를 담당하고 있어요. 이처럼 맹그로브 숲은 염습지와 바다 속의 조류(藻類)와 함께 바다 및 대기 중의 탄소를 없애는 데 중요한 역할을 하고 있지만, 해안가의 개발로 많이 사라지고 있지요.

그런데 장점이 이렇게 많다고 해서 우리나라에 맹그로브 숲을 조성하는 게 의미가 있을까요? 한반도에서 크는 나무가 아니잖아요. 더구나 우리나라 동해안에는 예로부터 방풍림으로 바다와 마을 사이에 소나무 등으로 된 숲을 만들곤 했어요. 전통생태를 연구하는 학자들은 이런 방풍림이, 열대와 아열대의 맹그로브 숲 못지않게 해안의 바람 피해로부터 마을을 잘 보호해 준다고 보고 있어요. 꼭 맹그로브 숲이 아니더라도 이미 우리만의 전통적인 대응책이 있는 것이지요. 이런 조건을 잘 알고 고려해야 해당 지역 주민들을 더 잘 보호하는 대책을 세울 수 있고, 주민의 호응을 더 잘 이끌 수 있겠지요.

마찬가지 예가 되겠지만, 홍수를 대비한다고 우리나라 곳곳에 터를 높이고 우물을 만든 뒤에 튜브를 꽂아두면 좋은 대비가 될까요? 한국은 방글라데시와 달리 인구의 대부분이 도시에 사는 걸요. 농촌을 위한 대책은 마련해야겠지만, 그게 꼭 방글라데시와 같을 필요는 없겠지요.

인간의 기술, 기후공학

마지막으로 기후공학 또는 지구공학이라고 부르는 분야를 소개하려고 해요. 넓은 의미에서 완화 정책의 일부인데, 공학적인 방법을 이용해 지구에 들어오는 태양에너지를 조절하거나, 대기 중 온실기체의 흡수를 인위적으로 조정해 기후변화를 줄이는 것을 목표로 하고 있어요. 많은 기술이 아이디어 수준이거나 개념 수준이지만, 효과를 기대할 수 있을 것으로 보는 사람도 적지 않습니다.

태양광을 조절하는 기후공학

먼저 태양광을 조절하는 방법을 볼까요? 실제로 태양의

에너지를 조절할 수는 없고, 지구와 태양 사이의 거리를 바꿀 수도 없어요. 그런 일은 과학소설에서는 가능할지 몰라도, 현재 지구의 공학 수준으로서는 아마 수백 년 안에도 불가능할 거예요. 어차피 우리의 관심사는 지구에 들어오는 태양복사에너지의 양을 조절하는 것이므로, 입사되는 태양빛을 조절하기만 하면 되죠.

예를 들어 자외선과 근적외선, 가시광선 영역의 태양광이 지상에 도달하지 못하게 해서 전반적인 지구 표면의 태양 반사율을 높이는 기술이 연구되고 있어요. 공중에 작은 입자를 뿌려 지상에 들어오는 태양빛을 줄이는 기술인데, 대표적인 것이 반사율이 높은 황산염 미세입자(에어로졸)를 대기권 위 성층권 영역에 뿌리는 방법이에요. 화산이 폭발할 때 나온 미세입자가 성층권을 떠돌며 태양빛을 막는 '글로벌 디밍(global dimming)' 효과를 낸다는 데에 착안한 아이디어지요. 비행기나 풍선, 기구 등을 이용해 황산염을 성층권에 뿌리면 되는데, 에어로졸이기 때문에 쉽게 가라앉지 않고 오래 대기 중에 머물며 태양빛을 막아 지상에 유입되는 태양복사에너지의 양을 줄입니다.

그런가 하면 구름을 하얗게 바꾸는 구름 표백 기술도 아이디어로 제시됐어요. 이 개념 또한 실제로 관찰할 수 있는

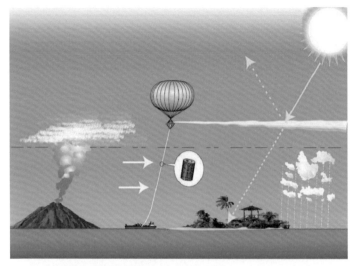

황산염 에어로졸로 태양빛을 반사시키는 기술 개념도 ⓒHughhunt/Wikipedia

현상에서 아이디어를 얻었는데, 바다 위에 떠 있는 선박에서 배출된 기체가 구름과 섞이면 구름이 더 흰색이 되고, 따라서 태양빛을 더 잘 반사한다는 사실이 이미 관찰돼 있어요. 기후공학에서는 수천 대의 무인 선박을 이용해 해수를 고운 입자로 분무하는 방법이나 거품을 통해 바닷물을 공중에 공급한 뒤 거품을 터뜨려 해수 입자를 공급하는 방법이 고안되었어요. 이런 방법으로 해양의 구름을 인위적으로 더 희게 만들어서 태양빛 반사를 늘리자는 것이지요.

　이렇게 복잡하게 할 것도 없이, 가장 쉽게는 태양광을 지구 밖으로 반사시키는 구조물을 지상 곳곳에 설치하는 방법도 있어요. 지붕을 밝은 색으로 칠해 태양 반사를 높이자는 의견, 빛을 잘 반사하는 곡식을 많이 키우자는 방법도 있었지요. 좀 더 SF소설 같은 아이디어로는 우주 공간에 태양을 가릴 구조물을 만들어서 아예 지구 대기권에 들어오는 태양복사에너지를 줄이자는 '우주 그늘'이라는 의견도 있었답니다. 1989년 미국 로런스 리버모어 연구소의 엔지니어인 제임스 얼리가 제시한 아이디어는 약 $2000km^2$ 넓이의 거대한 거울을 지구의 정지궤도위성에 설치하자는 내용이었어요. 나름 진지하게 논문으로도 썼지만, 30년이 다 되어 가는 지금도 재미있는 아이디어로만 이야기되고 있을 뿐이지요.

이산화탄소의 양을 조절하는 기후공학

이산화탄소를 흡수하는 방법도 여러 가지가 있어요. 가장 간단하게는 '바이오숯'이라는 것을 만드는 방법이에요. 나무 등을 산소 없이 태워서 숯을 만든 것으로, 그 안에 탄소를 많이 머금어요. 이것을 토양과 섞으면 이산화탄소를 땅에 고정하는 효과를 내지요.

바이오숯 ⓒhttp://news.rice.edu

바이오숯 기술을 좀 더 발전시켜서 탄소를 포집해 땅에 저장하는 기술도 연구 중이에요. 또 대기 중의 탄소를 포획하는 기술도 연구 중에 있지요. 인공나무라는 별명으로 불리는 기술도 제안되었는데, 이온교환수지 등을 이용해 대기 중의 이산화탄소를 흡수하는 다양한 아이디어를 선보였어요.

또 '바다 비옥화'라는 아이디어도 있어요. 바다에 거대한 구조물을 만들고 거기에 이산화탄소를 많이 흡수하는 성질을 지닌 돌말류 즉, 조류를 키워서 해양이나 대기에 있는 이산화탄소를 생물 내에 축적시키는 방법이지요. 육지에서는

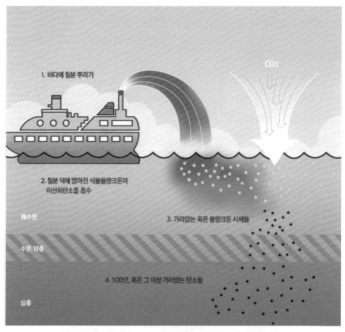

부족해진 철분을 바다에 뿌린 뒤, 철분 덕에 많아진 식물플랑크톤이
이산화탄소를 흡수하게 하는 바다 비옥화의 한 방법 ⓒhttp://blog.posco.com

숲을 조성하여 나무에 이산화탄소를 저장시키는데, 그것
의 해양 버전이라고 할 수 있어요. 나무를 심는 것이 기후변
화를 완화시키는 데 좋다는 이야기가 상식처럼 이야기되는
데, 바로 대기 중의 이산화탄소를 식물 몸체 안에 가두기 때
문이지요. 바다의 조류 생명체 안에 이산화탄소를 가두는
역할을 하는 것입니다.

태양복사에너지를 막는 방식과 이산화탄소 양을 조절하는 방식 중에서 현재 IPCC 등에서 효과를 인정받고 있는 것은 숲을 만드는 등 온실기체를 흡수하거나 제거하는 방법이에요. 태양광을 조절하는 방법은 성공만 한다면 기온 조절 효과가 탁월하겠지만, 아직은 제대로 된 효과를 인정받지 못하고 있거든요. 더구나 극지방 성층권의 오존 농도를 높이거나, 다른 지역의 강수량을 줄이는 부작용이 나타날 수 있다는 점이 문제로 지적되고 있어요. 바다가 산성화되는 문제처럼 기온 변화 이외의 기후변화 문제를 직접 해결해 주지 못한다는 한계도 있죠.

물론 온실기체 흡수 방법도 문제는 있어요. 바다에서 조류를 키우는 방법의 경우 해양 생태계를 교란시킬 수 있다는 점이에요. 숲을 만드는 방법도 토지를 많이 이용해야 한다는 점이 문제로 꼽히지요. 아마존이나 동남아시아처럼 이미 있던 풍부한 숲마저 화전으로 일구기 위해 태우는 실정을 생각하면 한계점이 보여요. 하지만 인간의 노력으로 곧장 실행할 수 있고, 정책으로 강제할 수도 있으며, 다른 조치보다 효과가 잘 나타나서 널리 권장되고 또 이용되고 있습니다.

기후변화와 공평함의 문제

지금까지 기후변화와 관련한 여러 가지 문제를 살펴봤어요. 기후변화는 지구 전체에 큰 변화를 가져오고, 그것이 인간은 물론 자연 환경 전반에 막대한 영향을 미친다는 것을 이해할 수 있었어요. 이를 막거나 조금이라도 늦추기 위해 원인 자체를 줄이려는 완화 정책, 피해를 줄이려는 적응 정책, 그리고 기후공학의 발전을 위해 어떤 노력을 기울이고 있는지에 대해서도 새로 알았어요.

하지만 여기에는 한 가지 잊지 말아야 할 문제가 있어요. 기후변화를 말할 때 나오는 변화는 언제나 '평균'을 말하고 있다는 사실이에요. 그러니까 실제로는 기후변화의 피해를 더 많이 입는 지역과 사람이 언제나 존재한다는 것이지요. 즉 평균 온도가 2도가 오르더라도, 실제로는 온도가 더 많이 오르는 지역이 존재하고(극지방처럼), 덜 오르는 지역이 생길 거예요(적도 지역이 대체로 그래요). 피해는 결코 공평하지 않지요. 더구나 극지방에는 빙하가 있잖아요. 빙하가 녹는 피해는 그곳을 삶의 터전으로 삼는 사람들(이누이트 등)이나 북극곰, 북극여우 등의 동물에게 치명적인 피해를 일으켜요.

빙하가 녹으면서 생긴 물은 결국 바다로 흘러들어요. 바

녹고 있는 북극해 유빙에 올라서 있는 북극곰

닷물이 갑자기 많아지니 해수는 묽어지고 양은 늘어나요.
해안가 마을은 당장 침수의 피해를 입을 수 있어요. 더구나
해수 온도가 변화하고 바닷물의 흐름이 변하니 해안가 마
을의 기후는 더 변화무쌍해지죠.

　나라별 피해도 저마다 달라요. 똑같이 해수면이 올라가
침수 피해를 당하더라도, 선진국 마을은 상대적으로 피해
를 막을 구조물이 잘 만들어져 있고 위급할 때 대피 명령을
내리거나 정보를 알려주고, 나아가 응급 의료 시스템을 마
련하는 등 피해를 줄일 정책도 충분히 준비돼 있어 피해가

적을 거예요. 하지만 저개발국은 비바람이나 해일을 막을
구조물이 취약하고, 사회 제도나 정책 역시 준비가 부족해
피해가 훨씬 크죠.

　이렇게 피해는 지역이나 나라에 따라 불공평하게 나타나
요. 기후변화에 대해서는 '지구적으로 생각하고, 지역적으
로 행동하라'는 말이 있어요. 기후변화는 전 지구적인 문제
로 공통의 책임과 문제의식을 가져야 하지만, 행동은 철저

히 자신이 살고 있는 지역에서 시작해야 한다는 뜻이지요. 그 이유가 기후변화의 모든 현상과 피해는 철저히 지역별로 나타나기 때문이었어요.

피해도 그렇지만, 기후변화의 책임에서도 공평함은 중요한 화두예요. 완화 정책을 설명할 때 선진국과 개발도상국, 저개발국가가 각각 기후변화를 어떻게 일으켰는지에 따라 저마다 다른 책임을 지고 있다고 이야기했어요. 선진국들은 이미 250년 전부터 산업화를 하며 온실기체를 발생시켜 왔고, 지구에 기후변화를 일으킨 대가로 지금 선진국의 반열에 오를 수 있었어요. 하지만 지금의 개발도상국이나 저개발 국가는 그런 역사가 없고, 그 대가 역시 없었지요. 그런데 기후변화가 심각하니 모두 다 함께 온실기체 발생을 줄이자고 하면 공평하지 못하죠. 선진국이 했던 산업화를 다른 나라들에게는 못하게 하는 셈이니까요. 즉 잘 사는 나라는 계속 잘 살게 하고, 그렇지 못한 나라는 영원히 기회가 없어지게 만드는 것이거든요.

이 문제는 큰 딜레마를 낳아요. 기후변화는 무척 심각해서 2030~2050년 사이에는 온실기체 발생을 아주 크게 줄이거나 아예 없애야 그나마 심각한 피해를 피할 수 있고, 그러자면 전 세계 모든 나라의 동참이 필요하지요. 하지만 그렇다고 일부 국가에게만 아주 불리한 조건을 강요할 수는 없다는 게 문제예요. 더구나 이 불리한 조건을 감수해야 하는 나라는 저개발국가나 개발도상국인데, 위에도 설명했듯 기후변화의 피해를 더 크게 입는 곳이 바로 저개발국과 개발도상국이거든요. 오래 전부터 선진국들이 해 온 일들로 생긴 피해를 더 많이 입으면서도, 자신들은 산업화의 기회를 영영 잃는다면 전혀 정의로운 일이 아니지요.

이 때문에 기후변화 대책은 여러 나라, 지역, 정부들이 각각 다른 이해관계를 최대한 공평하게 조절해가면서 세워야 해요. 그래서 국제연합 기후변화협약 교토의정서에서도 먼저 선진국이 앞장서서 온실기체 발생량을 줄이고, 과거에는 온실기체를 만들지 않았지만 오늘날 만드는 개발도상국들이 뒤를 이어 참여하는 형식을 갖게 됐어요. 또 일종의 은행처럼, 기금을 만들어서 기후변화 문제 해결을 위한 비용을 지불하는 방법을 만들면서 좀 더 책임이 큰 나라가 더 많은 비용을 지불하는 식으로 논의를 하고 있지요.

하지만 선진국 가운데 미국처럼 세계 최고 수준의 온실기체 배출국이면서도 교토의정서 발효 전부터 참여하지 않는 나라도 있어요(미국은 교토의정서 이후 2015년 합의된 파리협약 역시 2017년에 탈퇴를 선언했지요). 유럽의 일부 국가처럼 책임에 통감하고 온실기체 방출 사업이나 발전 방식을 서둘러 포기하고 새로운 기후 체제를 향해 나아가는 나라가 있는 반면, 책임을 회피하는 듯한 나라도 있는 셈이지요. 더구나 개발도상국과 선진국 사이의 나라로 여겨지는 우리나라 역시 파리협약에서는 온실기체 감축 의무가 생기는데, 자발적으로 정한 감축 수치가 아주 높지는 않다는 평이 많아요.

4 궁극의 에너지원을 찾을 수 있을까?

사람들이 한 일들 때문에 저희가 왜 고통받아야 하나요.
이것은 정의로운 일이 아니잖아요.
우리 북극여우는 기후가 바뀌고 식생이 바뀌면
그저 고향을 떠나거나 또는 그곳에서 적응력이 떨어진 상태로
서서히 사라져 가는 것밖에 방법이 없어요.

북극의 겨울과 봄

제 이름은 북극여우 아크. 저는 언제나 봄을 기다려요. 봄
이 되면 이 얼어붙은 동토 주변도 조금은 살만해지거든요.
식물이 간간이 자라고, 그러면 그 식물을 먹으러 종종걸음
을 치는 작은 동물들이 눈에 슬슬 보이기 시작해요. 저는 겨
우내 굶주렸지만, 그렇다고 굶어죽지는 않을 만큼 이 환경
에 적응해 있어요. 기나긴 겨울의 굶주림은, 갑자기 찾아올
희열에 찬 봄을 맞이하기 위한 혹독한 준비 기간입니다. 준
비 기간이 길어도 서운해 하지는 않을래요. 그만큼 봄과의
만남이 진한 즐거움으로 채워질 테니까요. 소설가 한강 씨
의 중편 〈아기부처〉에 나오는 표현처럼 '겨울에는 견뎠고,

봄에는 기쁜' 법이에요.

하지만 저는 요즘 봄이 즐겁지 않아요. 언제부터인가 냉혹한 겨울과, 그것을 견딘 동물에게 주어지는 상 같은 봄 사이의 구분이 희미해지고 있어요. 주변이 너무 따뜻해지고 있어요. 꽁꽁 얼어 있어야 할 동토가 녹아 질퍽질퍽해지고 못 보던 식물이 자라나기도 하죠. 아마 기후가 따뜻해져서 생긴 일일 거예요. 바뀐 환경에 맞춰서 주변 식물과 동물이 변해가는 모습은 인상적이지만, 삶에 영향을 주는 환경이 변하다 보니 제게는 위기감이 많이 느껴져요. 고향이 변해가는 모습을 보는 심정이라고 할까요. 저는 어디로 가야 할까요. 저는 쫓겨나지 않았지만, 쫓겨난 것과 다를 바 없는 실향민이 되었습니다.

저는 종종 궁금해집니다. 사람들이 한 일들 때문에 저희가 왜 고통받아야 하나요. 이것은 정의로운 일이 아니잖아요. 그래서 결자해지의 마음으로 말씀드립니다. 저희를 위해, 그리고 글을 읽는 여러분 자신을 위해 대안을 만들어 주세요. 우리 북극여우는 기후가 바뀌고 식생이 바뀌면 그저 고향을 떠나거나 또는 그곳에서 적응력이 떨어진 상태로 서서히 사라져 가는 것밖에 방법이 없어요. 하지만 사람들은 기후변화 문제를 일으킨 것처럼, 그것을 통제하고 줄일

북극여우

방법도 알고 있다고 생각합니다. 부디 묘안을 내고, 그것을 실천해 주세요. 우선, 에너지 문제부터 말이에요.

원자력발전이 마주한 딜레마

화석에너지가 기후변화의 주요 원인으로 꼽히면서, 이를 대체할 수 있는 에너지가 무엇인지 논의가 뜨거워요. 특히 최근에는 원자력에너지에 대한 찬반 논의가 아주 거세죠.

먼저 원자력에너지가 세계적으로 각광받은 이유를 살펴볼게요. 원자력은 자연에 존재하는 원소 중 우라늄 일부를 원료로 사용해 전기를 생산하는 발전 방식이에요. 자연계에서 발견할 수 있는 우라늄은 크게 우라늄-235와 우라늄-238이 있는데, 이 가운데 양이 더 많은 것은 우라늄-238로 전체 우라늄의 99% 이상을 차지해요. 반면 우라늄-235는 아주 적어서 자연계에서 발견되는 전체 우라늄 가운데 비율이 0.7% 정도밖에 되지 않아요. 이 가운데 인류는 우라늄-235를 이용해서 전기를 생산하는 방법을 개발해 쓰고 있어요. 우라늄-238은 좀 더 강한 에너지를 이용해 연료를 태워 에너지를 얻어야 하는 재료로서, 인류는 아직 안정적으로 우라늄-238을 태워 전기를 생산하는

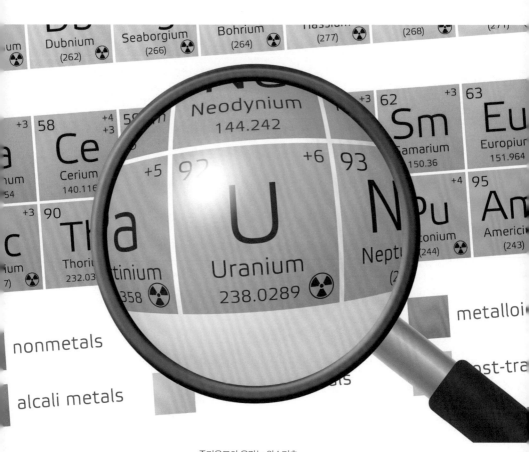

주기율표의 우라늄 원소기호

방법을 몰라요. 원자력공학자들이 자연에 더 풍부한 우라
늄-238을 이용한 발전 시스템, 일명 '차세대 원전' 또는 '4
세대 원전'을 연구 중이지만, 아직 20년 이상은 연구해야
가능성이 보일 것으로 예상할 정도로 개발이 어렵답니다.
현재 소듐(나트륨)을 이용한 소듐 고속로, 납과 비스무스를
이용한 납-비스무스 고속로 등이 4세대 원전 후보로 연구
중이에요.

사정이 이렇다 보니, 우선 우라늄-235를 이용한 현재의
원전이 널리 이용되고 있어요. 이때 자연 함량이 적다는 단
점을 극복하기 위해, 우라늄-235의 비율을 인공적으로 높
이는 기술이 반드시 필요하게 돼요. 이렇게 함량을 인공적
으로 늘려 만든 우라늄 연료봉에, 중성자라고 불리는 작은
입자를 가해서 핵분열 반응을 일으키는데, 이 과정에서 에
너지가 발생해요. 일단 한번 핵분열 반응이 일어나면 자체
적으로 중성자가 계속 발생하면서 끊임없이 핵분열 반응이
되풀이되고, 덕분에 아주 효율 좋게 에너지가 발생합니다.
이 에너지로 물을 끓여 터빈을 돌리는 방식으로 전기를 생
산하는 게 바로 현재의 원전이에요.

이 방식의 장점은 화석연료를 사용하지 않아도 전기를
생산할 수 있다는 거예요. 화력발전에서 많이 쓰는 석유나

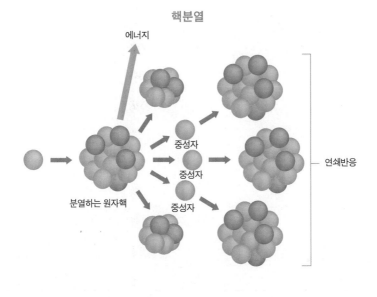

핵분열

에너지

중성자

중성자

중성자

분열하는 원자핵

연쇄반응

석탄, 천연가스 등을 사용하지 않으니 기후변화와 직접 관련이 없어 보이지요. 기후변화가 심각한 국제사회 문제가 된 이후, 원자력은 다시 한 번 크게 주목을 받았어요.

하지만 최근 우리나라는 정부 주도로 '탈핵' 방침을 논의 중이에요. 전체 생산 에너지에서 원자력에너지의 비중을 점차 줄여나가겠다는 의미죠. 현재 전체 에너지 생산량에서 원자력이 차지하는 비중은 약 12% 정도예요(2015년 기준, 에너지경제연구원 에너지통계연보). 후쿠시마 원전사고나 30년 전의 체르노빌 원전사고를 기억하는 사람들은 원자력이 언

지진과 쓰나미로 피해를 입은 후쿠시마 원자력발전소 위성사진 ©http://observer.com

제고 치명적인 사고 위험을 품고 있는 위험한 에너지원인 만큼 점차 퇴출시키는 것이 맞다고 주장하고 있어요. 따라서 새로운 원전을 짓기를 멈추고, 지금 가동되고 있는 원전도 수명이 다하면 발전을 중단시켜야 한다고 주장하죠. 이번 정부 방침은 이런 주장에 정책적 힘을 실어주겠다는 선언이에요.

원자력공학계는 이에 따른 연쇄반응을 크게 걱정하는 눈치예요. 평소 여러 경로를 통해 원자력이 깨끗하고 안전하며, 따라서 굳이 '벗어나야 할' 사회악이 아니라고 주장해온 전문가들은 최근 더 적극적으로 원전의 장점을 강조하고 있지요.

청정하다 vs 위험하다

사실 원자력에너지는 몇십 년 전만 해도 꽤 각광받던 에너지원이었어요. 그도 그럴 것이 기후변화에 관한 정부간 협의체(IPCC)에서 2014년 발표한 보고서를 보면, 원자력에너지는 석탄이나 가스, 태양광 등을 포함한 대부분의 에너지원에 비해 온실기체 배출량이 적거든요. 구체적으로는 석탄의 68분의 1, 가스의 40분의 1, 태양광의 4분의 1 수준이에요. 국제에너지기구(IEA)의 2015년 보고서에 따르면, 원전의 발전 단가는 1메가와트에 100달러 내외로, 석탄이나 석유와 비슷하거나 오히려 낮았어요. 흔히 재생에너지로 불리는 태양광이나 육상 풍력, 해상 풍력 등과 비교해도 아직 경쟁력이 높지요. 이런 상황이니, 원전 산업 종사자나 전문가들 입장에서는 '일방적인 매도는 억울하다'는 말이 나올 법도 하지요.

하지만 반대 논리도 만만치 않아요. 우선, 아무리 낮다 해도 일단 사고가 나면 치명적인 피해가 발생한다는 특성이 다른 어떤 장점도 상쇄한다는 주장이에요. 특히 이 주장은 대중에게 큰 영향력을 발휘하는데요. 미국 오리건대 심리학과 폴 슬로빅 교수는 위험인식에 대한 유명한 연구를 1987년에 발표했는데, 기술에 대한 위험성을 물었을 때 비전문가가 가장 높은 위험을 갖는 것으로 평가한 게 바로 원자력에너지였어요. 슬로빅 교수는 "비전문가들은 사고가 났을 때 얼마나 참혹한 결과를 낳는지, 우리가 잘 모르는 위험인지, 얼마나 광범위한 위험인지를 주요 근거로 판단하기 때문"이라고 분석했어요. 전문가들은 원전의 위험성을 훨씬 낮게 평가했는데(여러 안전장치가 있어서 사고가 크게 일어날 수 없다는 주장), 비전문가들의 판단을 비이성적이라며 완전히 무

방사성 위험 물질을 상징하는 기호

시할 수 없다는 사실은 이미 몇 번의 사고로 증명이 돼 있지요. 다만 원전에 찬성하는 사람들은 소수의 사고가 있었지만, 그 덕분에 더욱 안전이 강화됐다고 항변하고 있어요. 또 사고에 의한 인명 피해나 대기오염에 의한 건강 피해를 살펴보면 화력발전 등 다른 주요 발전 방식에 비해 피해가 오히려 적다고 주장하고 있습니다.

그 외에도 방사성 폐기물 등 보다 장기적인 문제를 불러일으킨다는 점, 수명이 다했을 때 방사성 오염을 없애며 안전하게 제거하는 비용이 추가로 든다는 점 등의 문제가 더 있어요. 방사성 폐기물 같은 경우, 지금은 별다른 방법이 없어서 다 쓴 연료봉을 발전소 내 수조에 담가 식힌 뒤 땅속에 묻는 방법만 고려하고 있는 실정이에요. 그런데 이 문제가 결코 쉽지 않아 사실 누르면 터질 수 있는 거대한 폭탄과도 같은 존재지요. 왜냐하면, 다 쓴 폐연료봉의 방사성 물질이 쉽게 사라지지 않기 때문이에요. 더구나 방사능이 위험한 수준 이하로 떨어지려면 무려 1만 년 이상이 걸린다고 하지요.

더욱 급한 문제는, 그나마 당장 땅에 묻을 곳도 없다는 사실이죠. 누가 1만 년 동안 사라지지 않는 치명적인 방사능 물질을 자기 집 근처에 묻게 하겠어요? 그래서 한국뿐만 아니라 대부분의 나라가 폐연료봉을 처리하는 데 골치를 앓고 있어요. 미국 등 땅이 넓은 나라는 아무도 살지 않는 버려진 땅에 묻으면 되지만, 한국은 그런 상황이 아니지요. 더구나 지진이라도 나서 방사성 물질이 유출되면 얼마나 위험하겠어요? 지하수가 흐르는 길목에 묻으면 지하수가 오염될지도 몰라요. 이 때문에 지하 깊이 500m 정도 되는 깊은 곳, 또는 그보다 훨씬 더 깊은 수 km 지하에 묻으려는 시도가 이뤄지고 있는데, 현재로서는 그 어느 것도 쉽지 않은 상황이에요.

그렇다 보니 차세대 원전을 연구하는 전문가들은 차세대

원전이 폐연료봉 속에서 방사성 물질을 골라내 다시 태울 수 있다고 강조하기도 해요. 폐기물 문제도 궁극적으로 해결할 수 있다는 주장이지요. 하지만 아직 연구 중이라 선불리 효과를 말하기엔 시기상조라는 점이 문제예요. 그래서 최근 전 세계에서는 원전 이후의 '궁극의 에너지원'을 찾는 시도가 이어지고 있어요.

궁극의 에너지원, 재생이냐 신기술이냐

현재 새로운 에너지원이 될 것으로 기대를 모으고 있는 것은 크게 둘로 나뉘어요. 재생에너지와 신에너지죠. 흔히 둘을 합쳐 신재생에너지라고 부르는데, 둘은 기술과 철학이 크게 달라요.

먼저 재생에너지는 자연에 이미 충분히 존재하는 에너지 가운데 화석에너지가 아닌 것들을 인간에게 유용하게 전환해 쓰는 방식이에요. 태양광이나 태양열, 풍력, 지열, 조력, 파력 등이에요. 모두 에너지원 자체가 무궁무진하고 다른 폐기물을 발생시키지 않아 친환경적이지요.

하지만 고려할 점이 많아요. 풍력발전기는 높이가 수십 m에 달하는 바람개비 구조물을 세워서 바람개비가 돌아가

시화호 조력발전소는 밀물 때 바닷물을 시화호로 유입하며 발전을 하고, 유입된 바닷물은 썰물 때 수문으로 배수하는 방식을 택하고 있으며, 시설용량 254MW로 국내 최초이자 세계에서 가장 큰 규모의 조력발전소이다. ⓒhttp://archive.fo/AlnlZ

는 힘으로 발전기를 작동시켜 전기를 얻어요. 구조물을 땅에 설치해야 하는데, 바람이 강한 곳이어야 하다 보니 대개 바다 한가운데나 산꼭대기에 건설해요. 그 자체로 자연 환경을 파괴할 수 있죠. 그뿐인가요. 이 바람개비 구조물을 설치하고 관리하려면 길도 내야 해요. 결국 바람이 잘 부는 산에 커다란 바람개비 구조물과 길을 새로 내는 문제를 해결하지 않고는 장점 못지않은 단점이 생기게 되지요. 더구나 바람의 세기가 아주 강해야 해요. 발전을 하기 위한 조건이 까다롭다는 뜻이지요. 한국 실정에 맞는지 살펴볼 필요가 있는 거예요.

풍력발전기의 거대한 날개가 공기를 진동시키고, 구조물 자체가 큰 장애물이 되어 동물의 삶을 위협하는 것도 문제예요. 한때 미국에서는 박쥐가 풍력발전기 근처에서 떼로 죽는 일이 많이 발생했지요. 아무리 깨끗한 원리를 이용한다고 해도 결코 모든 과정이 안전할 수는 없다는 뜻이겠어요.

조력발전소도 마찬가지예요. 조력발전은 밀물과 썰물이 있는 바다 중에서, 밀물 때와 썰물 때 바다의 높이 차이가 극단적으로 큰 곳에서 시도할 수 있는 발전 방식이에요. 달의 인력 때문에 주기적으로 바닷물의 높이가 변하는 게 밀물과 썰물이지요. 이때의 높이 차이는 지형 등의 영향으로 지구 곳곳에서 저마다 다른데요. 미국 에너지부가 2009년 발간한 '해양에너지 기술 개요' 보고서에 따르면, 조력발전에 적합한 바닷물의 높이 차이는 최소 5m예요. 한국해양수산개발원이 2010년 11월 펴낸 보고서를 보면, 우리나라 서해안의 평균 물 높이 차이는 이 조건을 겨우 만족하죠. 천수만이 4.5m, 가로림만이 4.7m, 인천만이 7.2m이고, 시화호는 약 5.8m예요. 그래서 지난 2011년 말, 경기도 화성 앞바다에 위치한 시화호에 세계 최대 규모의 조력발전소를 짓기에 이르렀어요.

조력발전소에도 치명적인 문제가 있어요. 바다를 막는 거대 구조물이 필수라는 점이에요. 멀쩡한 바다에 건설 공사를 해야 하는 상황이다 보니 반대하는 목소리가 높지요. 그나마 시화호 조력발전소는 조금 특이한 배경에서 태어났어요. 원래 이 지역은 갯벌이 있는 전형적인 서해안이었어요. 그런데 1987년부터 약 7년 동안 바다와 갯벌을 메우고(간척) 바다를 막는 구조물 네 개를 건설했지요. 그 결과 12.7km에 이르는 긴 방조제에 약 44km²의 바다가 갇힌 호수가 됐어요. 그게 바로 시화호예요. 바닷물을 막은 이유는 근처에 필요한 농업용수와 공업용수로 활용하기 위해서였어요. 그런데 문제가 있었죠. 바닷물이 막혀 고이니 썩기 시작한 거였어요. 그래서 시화호는, 어쩔 수 없이 방조제 완공 3년 만에 수문을 열어 맑은 바닷물을 들이기 시작했어요. 담수호로 남기를 포기하고 바닷물 호수가 됐지요. 이후 지난 10여 년 동안, 시화호는 오염된 바다의 대명사로 불리며 골칫거리로 남아 있었어요. 상황이 이렇다 보니 이미 건설된 방조제와 수문을 활용해 조력발전소를 여는 데 별 문제가 없었지요.

시화호 조력발전소가 만들어질 때 서해안에는 몇 개의 조력발전소가 추가로 건설될 계획이 있었는데, 이들은 대부분 새로 방조제부터 건설해야 하는 경우라 반대가 많았어요. 특히 서해안에 사는 해양포유류인 상괭이나 점박이물범에게 치명적이라는 반대가 많이 나왔지요. 더구나 서해안이 조력발전소에 최적이라는 주장에는 과장이 많아요. 밀물 때와 썰물 때의 물 높이 차이가 서해는 5m 남짓에 불과한 반면, 러시아나 프랑스, 캐나다 등에는 10m가 넘는 곳이 많거든요.

이런 점에서 자연을 가장 덜 파괴하는 재생에너지 생산 방식으로 태양광이 꼽혀요. 반도체로 구성된 태양광 패널이 빛을 받으면, 태양광의 에너지를 흡수해 전자의 에너지

상태가 변하는 성질이 있어요. 상태가 변한 전자는 더 이상 반도체에 구속되지 않고 자유전자가 돼 돌아다니게 되는데, 이 전자를 흐르게 만들어 주면 바로 전기가 되지요. 햇빛만 있으면 저절로 전기가 생기는 원리니 무척 깨끗하고 무궁무진하지만, 아직은 효율이 화석에너지나 원자력에너지보다 낮다는 단점이 있어요. 그렇다 보니 발전 단가도 조금 비싸고, 현재 우리가 사용하는 모든 전력을 대체할 전력을 얻기도 쉽지 않죠. 한 국내 전문가에 따르면, 원전 1기가 생산하는 전력을 대체하려면 서울 월드컵경기장 50개가 들어설 공간을 태양광 패널로만 채워야 할 정도예요. 다만 최근 기술이 발달해 발전 효율은 계속 높아질 가능성이 크죠.

이 분야에서는 최근 기술적인 진전이 이뤄지고 있어요. 반도체에 기초를 둔 기존의 패널 대신에 페로브스카이트라고 하는 물질로 패널을 만들면 효율을 더 높일 수 있고 또 휘어지는 얇은 패널을 만들 수 있다는 사실을 발견했거든요. 반도체 기반의 패널은 태양광에너지를 전기에너지로 전환하는 효율이 20% 초반에 머물러 있었는데, 페로브스카이트 기반의 태양광 패널은 몇 년 안 되는 사이에 기존 패널의 효율을 넘어서고 있어요. 최근에는 두 가지 방식을 혼합하는 방식으로 효율을 30%대로 끌어올리는 방법도 연

빛에너지를 전기에너지로 바꾸고 있는 태양광 패널

구 중이에요.

　태양광에너지가 각광받는 또 다른 이유는, 이 에너지가 다른 재생에너지와 달리 소규모 분산 에너지시스템을 만들기 좋기 때문이에요. 다시 말해, 조력발전소처럼 어느 특정 지역에 대형 구조물을 만들 필요가 없이 주택이나 동네 필요한 곳에 태양광 패널을 설치하는 것만으로 발전을 할 수 있다는 사실이에요. 특정 지역에서 대량으로 전기를 만들어서 전국에 보내는 현재와 달리, '누구나 에너지를 자신의 지역이나 가정에서 만들 수 있고, 또 사용할 수 있는' 시스템이 가능한 거예요. 대형 구조물을 짓지 않으니 환경 파괴도 적고, 전기를 멀리 나를 필요도 없으니까 효율도 높아질 수 있지요. 전기를 오래 나르면 전선 등에서 전기가 새어나가듯 사라져 효율이 더 나빠지는데, 그런 걱정이 없는 거예요.

새로운 시도, 신에너지

　신에너지는 전혀 새로운 기술로 에너지를 얻으려는 시도예요. 핵융합에너지가 대표적이죠. 우라늄 등 무거운 원자의 핵을 '쪼갤' 때 에너지를 얻는 핵분열 발전과 반대로, 가

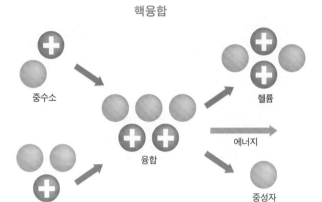

핵융합

중수소

삼중수소

융합

헬륨

에너지

중성자

벼운 원자 두 개의 핵을 인공적으로 합칠 때 발생하는 막대
한 에너지를 얻으려는 시도예요. 철보다 가벼운 원자 핵 두
개가 합쳐질 때는, 합쳐진 원자의 질량이 합치기 전 원래의
두 원자 질량을 합친 것보다 약간 작게 돼요. 이 약간의 질
량 차이는 아인슈타인의 유명한 공식 '$E=mc^2$'에 따라 에너
지로 전환되는 게 원리예요. 현재 우주에서 가장 가벼운 원
소인 수소에 중성자를 추가해 질량을 2배로 만든 일명 '중
수소'와, 여기에 중성자를 하나 더해 질량이 약 세 배가 된
'삼중수소'를 결합시켜 헬륨 원자를 만드는 방식이 연구되
고 있어요. 태양이 내부에서 최초의 에너지를 얻는 방식과
같아 흔히 '인공태양'이라는 별명으로 불리지요.

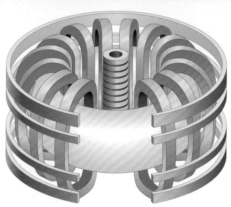

핵융합로 토카막. 매우 뜨거운 플라스마(노란색)가 자석(파란색과 빨간색)에 의해
도넛 모양으로 움직이고 있다.

방식은 크게 두 가지가 연구되고 있어요. 전자석을 도넛 모양으로 만들어 그 안에 초고온, 고압의 플라스마를 가둔 뒤 그 안에서 핵융합을 일으키는 '토카막'이 한 가지예요. 플라스마는 물질의 제4상태라고 불리는 상태로, 물질이 전자와 이온으로 분리된 상태로, 전기를 띠고 있어요. 또 기체보다 더 희박하고 자유분방하게, 빠르게 움직이는 물질 상태이기도 해요. 형광등 안에서 볼 수 있는 상태가 바로 플라스마지요. 토카막 안에서는 수억 도의 초고온 상태를 유지해 플라스마를 형성한 뒤, 자기장을 이용해 이 플라스마를 마치 보이지 않는 감옥에 가두듯 가두고 있어요. 플라스마는 이온 상태이기 때문에 전기적 성질을 띠고, 따라서 자기장을 이용해 통제가 가능해요.

플라스마는 비록 자기장 안에 갇혀 있지만 토카막 내부에서 매우 빠르게 움직여요. 워낙 빠른데다 좁은 도넛 모양 공간에 갇혀 있기 때문에, 입자 사이의 충돌도 일어날 수 있어요. 바로 이 충돌 과정에서 핵융합이 일어나 에너지가 형성될 것으로 연구팀은 기대하고 있어요. 우리나라도 토카막 방식의 핵융합 연구를 하고 있어요.

그러나 쉽지는 않아요. 핵융합을 성공하려면 최소 두 가지 기술이 성공해야 해요. 첫 번째는 핵융합이 일어나도록 수억 도의 온도를 만드는 기술이에요. 태양 중심부의 온도가 1500만 도인데, 그 10배 이상의 온도를 인공으로 만들어야 하니까요. 더구나 이렇게 만든 온도를 식지 않게 오래 유지하는 기술도 무척 중요하죠. 두 번째는 플라스마를 오래 유지하는 기술이에요. 빠르게 움직여 사라지는 플라스마를 최대한 오래 유지시켜 최대한 입자 사이의 충돌을 늘리고 이를 통해 핵융합 효율을 높이는 게 관건이죠.

토카막과 아주 비슷한 방식의 핵융합 기술로 '스텔러레이터' 방식이 있어요. 토카막과 비슷하게 도넛 모양의 장치 내부에 플라스마를 가두는 것은 똑같은데, 자기장을 이용해 내부 플라스마의 복잡한 움직임을 유도하는 토카막과 달리, 도넛 모양의 장치 외부에 직접 코일을 설치해 복잡하게 꼬이는 플라스마의 움직임을 유도한다는 점이 달라요. 스텔러레이터 방식은 독일이 가장 앞서 있죠.

미국은 전혀 다른 방식의 핵융합을 연구하고 있어요. 미국 캘리포니아에 위치한 국립점화시설(NIF)에서 연구 중인 레이저 핵융합이에요. 허공의 한 점에 일시에 강한 에너지를 지닌 레이저를 발사해 핵융합을 유도하는 방식이에요. 방법은 이렇습니다. 미국 전역의 순간 전력량의 무려 1000배에 달하는 에너지인 500테라와트(TW)의 에너지를 새끼손

가락만한 원통형 금속 용기에 발사하는 거예요. 원통은 금성분으로 돼 있는데, 강한 레이저 에너지를 받은 금 원통에서 강한 엑스선이 방출되면, 용기 내부의 온도가 순간 4000만 도까지 올라가게 돼요. 원통 중심부에는 중수소와 삼중수소를 섞은 좁쌀만 한 뭉치가 놓여 있는데, 초고온이 되면서 폭발하게 되지요. 그 과정에서 부피는 제한이 돼 있다 보니 초고밀도의 압축이 발생하게 돼요. 결국은 마치 별이 탄생하는 것과 똑같이, 핵융합이 발생할 조건이 되는 것이지요.

방식은 저마다 다르지만, 모두 태양의 내부 온도를 능가하는 초고온 상태를 만든다는 점이 공통이지요. 전기적으로 양성(+)을 띠는 양성자와 중성을 띠는 중성자만으로 이루어진 게 원자핵이에요. 서로 같은 전기적 성질을 띠는 원자핵을 서로 충돌시켜 결합시키려면, 무척 강한 전기적 반발력(같은 양성끼리는 밀어내니까요)을 이겨내야 하고, 그러자면 초고온 환경이 필요하거든요.

아직 세 가지 기술 모두 실험 중으로, 상용화까지는 적어도 수십 년은 더 걸릴 것으로 예상되고 있어요. 하지만 장점이 분명히 존재하기 때문에 연구는 계속되고 있습니다. 원전과 달리 위험한 폐기물이 나오지 않고, 수소를 이용하기에 재료를 구하기도 쉽기 때문이에요. 핵융합 연구자에 따르면, 중수소는 바닷물에서, 삼중수소는 리튬에서 얻을 수 있는데 0.03g의 중수소만 있으면 서울과 부산을 세 번 왕복할 수 있는 에너지를 얻을 수 있다고 합니다. 작은 우유 한 팩 정도인 중수소 200g과, 우유 1.5팩 정도인 삼중수소 300g만 있으면 최신 원전 1기의 용량에 해당하는 100만 kW급 핵융합 발전소를 하루 동안 가동할 수 있다고 해요. 정말 놀랍지요! 더구나 후쿠시마 원전 사고에서처럼 냉각시스템 등 통제력을 잃으면 위험해지는 원전과 달리(물론 원전에는 이에 대비한 안전장치가 보강되어 있어요), 돌발 상황이 일어나 시스템이 망가지거나 연료 공급이 중단되면 그냥 기기 운영이 중단되어 위험도 크지 않다는 장점도 있습니다.

현재는 중수소와 함께 방사성 동위원소인 삼중수소를 쓰는 방식을 연구 중이지만, 앞으로는 방사성 동위원소인 삼중수소를 빼고 중수소만으로 가동되는 핵융합발전도 탄생할 것으로 기대되고 있어요. 연구자들은, 궁극적으로는 중수소와 헬륨-3을 반응시켜 방사성 폐기물이 전혀 발생하지 않는 3세대 핵융합 발전도 연구 중이랍니다. 물론 아주 먼 미래의 꿈이지요.

현재 핵융합은 1세대인 중수소-삼중수소 핵융합을 목표

프랑스에 건설 중인 핵융합로 ©https://www.euractiv.com

로 세계적으로 극히 일부 기술 선진국들만 연구에 참여하고 있어요. 현재 프랑스에 실험용 시설을 짓고 있는데, 아직 실용화까지는 20년 정도의 시간이 더 필요할 것으로 예측되고 있어요. 우리 과학자들도 그 연구에 참여하고 있으니 관심을 가지고 더 많은 자료를 찾아봐도 좋을 것 같아요. 지구의 미래는 여러분의 손에 달려있으니까요.

글을 마치며

에너지의 미래를 상상해 봐요

앞서 이야기한 에너지들은 대부분 전기를 생산하는 방식에 대한 것이었어요. 그런데 우리가 사용하는 에너지에 전기만 있는 것은 아니죠. 오히려 전기는 우리가 사용하는 전체 에너지 가운데 일부에 불과해요. 난방 등 주택에서 사용하는 에너지, 자동차나 비행기 등 교통수단에 사용하는 에너지, 산업용 에너지 등이 있어요. 여기에도 화석연료가 널리 쓰이고 있지요. 이들을 앞으로는 어떻게 해야 할까요.

2016년 11월에 나온 국제에너지기구(IEA) '세계에너지아웃룩 2016'은 파리협약에 따른 목표를 지킬 경우 2040년에 에너지 사용 풍경이 어떻게 바뀔지 예측했어요. 먼저, 전체 에너지의 37%를 재생에너지에서 얻어요. 화석연료 사용량은 연간 증가폭이 0.5% 이하로 제한되죠. 천연가스 수요가 크게 늘어 석탄을 능가하는 반면, 석유 사용량은 증가폭이 크게 둔화돼 2015년보다 10% 정도 증가하는 데 그쳐요. 마지막으로 전기차가 크게 늘어요. 2015년 전 세계에 운행 중인 전기차는 약 130만 대 정도인데, 2040년에는 1억 5000만 대가 전기차가 될 예정이에요. 이 정도 변화가 있어야 2100년이 됐을 때, 기온이 산업화 이전보다 2도 이하로 올라가는 선으로 막을 수 있어요. 2100년의 탄소 배출량은 0이 되지요.

이런 미래를 상상할 수 있나요? 지구를 덜 덥게 만드는 길, 생각보다 어려울 거예요. 하지만 선택할 수 있는 또 다른 길이 분명 있을 거예요. 에너지 논의에서 마지막 선택지는 사실 기술에 있지 않아요.

지금까지의 논의와 기술은 모두 '우리는 에너지를 점점 많이 쓸 것이다'라는 가정 위에 연구되는 것들이에요. 만약 발상을 바꿔 에너지 소비를 조금 줄이는 방향으로 삶을 바꾸면 어떨까 고민하는 사람들이 한 축에 있어요. 에너지 문제의 해결책이 꼭 과학이나 기술에 있는 것은 아니라는 선언이지요. 실제로 많은 환경학자들은 우리가 이미 너무 많은 전기에너지를 사용하고 있으며, 따라서 전기 사용을 줄이는 방식으로 에너지 소비를 줄일 수 있다고 말하고 있어요. 일명 '에너지 전환'이에요. 인류가 계속 에너지를 많이 이용하는 생활습관과 산업구조를 유지해서는, 밑 빠진 독에 물을 붓듯 영원히 에너지 문제와 기후변화 문제를 해결할 수 없을 것이라는 위기의식이 만들어낸 새로운 대안이랍니다.

에너지를 마음껏 이용하지 못한다니, 어느 정도는 불편해지는 면도 있겠지요. 아마 지금보다 좀 더 덥거나 춥게 살아야 할지 몰라요. 언뜻 이해가 가지 않을 수도 있어요. "따뜻하게 살 수 있는 기술이 있는데, 또는 연료비를 낼 수 있는 돈이 있는데 왜 굳이 절제하면서 덥고 춥게 살아야 할까?" 하지만 지금 유럽의 많은 '환경도시'들은 에너지를 굳이 많이 들이지 않고도 적절한 온도를 유지하는 건축물과 도시를 만들고자 실험하고 있어요. 함부르크의 한 오래된 아파트는 외벽에 단열을 보강하는 방식으로 연료비를 거의 들이지 않고도 겨울을 춥지 않게 보낼 수 있게 해 유명해졌어요. 언뜻 보면 아무 일도 아니에요. 오래된 건물에 단열만 보강한 거니까요. 집 안에 들어가 보면 별로 따뜻하다는 생각도 들지 않아요. 겨울에는 두꺼운 옷을 입고 지내야 하죠. 확실히 불편해 보여요.

하지만 에너지가 거의 들지 않고, 이런 절약이 쌓여 궁극적으로 지구의 에너지 소비를 줄일 수 있다면, 그리고 그 길만이 근본적으로 기후변화 문제를 해결할 방법이라면 한 번 해 볼 가치가 있지 않을까요. 물론 쉽지는 않을 거예요. 우리 모두가 힘을 합쳐 고민하지 않으면 안 될 어려운 문제니까요. 또한 결과가 곧바로 나오지 않아 개개인의 지속적인 참여를 이끌어내기 힘든, 인류 최대의 난제 가운데 하나이기도 하고요. 하지만 그렇기에 한 명 한 명 모두의 관심과 참여가 중요해지는 것도 사실이에요. 단 한 명의 참여가 결코 헛된 시도가 아니라, 그게 쌓이고 쌓여 지구의 미래를 바꿀 것이라는 믿음을 갖지 않으면 기후변화 문제를 해결할 수 없어요. 완전한 해결이 너무 멀다고 느껴진다면 가까운 목표부터 차근히 해 나가면 될 거예요. 지구가 지금보다 1.5도 더 더워지는 수준으로 일단 막는 것을 목표로 하는 거예요. 이 책의 제목처럼, 1.5도의 미래를 현실로 만드는 것 말이에요.

하나뿐인 지구 ⓒhttps://www.wallpapermania.eu